Wilhelm Heyd

Die grosse Ravensburger Gesellschaft

Wilhelm Heyd

Die grosse Ravensburger Gesellschaft

ISBN/EAN: 9783742891174

Hergestellt in Europa, USA, Kanada, Australien, Japan

Cover: Foto ©ninafisch / pixelio.de

Manufactured and distributed by brebook publishing software (www.brebook.com)

Wilhelm Heyd

Die grosse Ravensburger Gesellschaft

DIE GROSSE
RAVENSBURGER GESELLSCHAFT

VON

WILHELM HEYD.

STUTTGART 1890.
VERLAG DER J. G. COTTA'SCHEN BUCHHANDLUNG
NACHFOLGER.

Vorwort.

Wer meinen litterarischen Hervorbringungen einigermassen gefolgt ist, konnte wahrnehmen, dass ich nach Abschluss meiner handelsgeschichtlichen Forschungen im Gebiet der Levante anfing, den kommerziellen Beziehungen zwischen Deutschland und der romanischen Völkerwelt nachzugehen. Zeuge davon sind meine Abhandlungen „über die kommerziellen Verbindungen der oberschwäbischen Reichsstädte mit Italien und Spanien während des Mittelalters" und über den „Verkehr süddeutscher Städte mit Genua während des Mittelalters". An sie schliesst sich gegenwärtige Studie als Fortsetzung an. es konnte sogar nicht vermieden werden. einige Stellen aus ihnen in der Kürze zu wiederholen. und ihre kleinen Urkundenanhänge wird man im Anhang dieses Buchs (Nr. IV. V. XIX. XX, XXI) nur mit einer Auslassung wieder aufgenommen finden. Diesmal gilt die Untersuchung einer einzelnen Handelsgesellschaft. Ich halte Monographien oder auch nur Zusammenstellungen von Urkunden oder Regesten über den Handel einzelner Städte, über hervorragende Kaufmannshäuser, über die grösseren kaufmännischen Gesellschaften für eine unerlässliche Vorarbeit zu einer wissenschaftlichen Geschichte des süddeutschen Handels. Gerne hätte ich Häusern und Gesellschaften von ausgebreiteterem Ruf. deren ja in Augsburg und Nürnberg nicht wenige blühten, den Vortritt gegönnt. Aber von dieser Seite erfolgt keine Publikation. Die Handelspapiere alter Zeit sind in ausgedehntem Masse der Vernichtung anheimgefallen. das lässt sich leider nicht leugnen. allein ganz ausgetilgt sind sie nicht; nur werden sie sorgfältig verwahrt im Familienbesitz, ruhig liegen gelassen in öffentlichen Archiven, auch wohl im stillen gesammelt, aber der Veröffentlichung nicht entgegengeführt. Ich hoffe, dass das schöne Buch von Simonsfeld über den Fondaco dei Tedeschi in Venedig andere Begriffe über den Wert von Urkundenbüchern zur Handelsgeschichte auch in Süddeutschland verbreitet. Indessen lege ich hier ein kleines Carteggio vor, welches zeigen wird, dass es noch möglich ist, auch zur Geschichte einer Handelsgesellschaft, die nicht den allergrössten beigezählt werden kann, Urkunden von einigem Belang zusammenzubringen, wenn man nur am rechten Orte sucht. Mit dem, was ich früher aus den Archiven von Genua und Luzern beigebracht, konnte ich jetzt neue Urkunden verbinden, welche die Staatsarchive von Mailand und Bern sowie das Stadtarchiv von Konstanz boten. Aus den Schätzen des Archivio di stato in Mailand sandte mir Herr Archivar Pietro Ghinzoni mit seiner glücklichen Finderhand und seiner nie ermüdenden Gefälligkeit eine Reihe von Urkunden und Regesten, deren Vorrat durch die Mitteilungen in gegenwärtigem Buche noch nicht erschöpft ist; auch Herr Dr. Schellhass, welcher für die deutschen Reichstagsakten an diesem Archiv arbeitete, war so freundlich, mir einige Regesten von dort mitzuteilen. In Bern machte sich Herr Archivsekretär Henri Türler um meine Arbeit verdient durch gütige Sendung von Abschriften und Auszügen von Archivalakten. Endlich gewährte mir Herr Professor Ruppert in Konstanz die Durchsicht sämtlicher Missivbücher im dortigen Stadtarchiv und gab mir gefälligst aus andern städtischen Büchern Notizen an die Hand. Aus Lindau erhielt ich schätzbare Auskunft durch Herrn Stadtarchivar Pfarrer Reinwald. Für das Kapitel Spanien unterstützte mich Herr Dr. Konrad Häbler zu Dresden in liberalster Weise mit Fingerzeigen und Notizen. Allen diesen Gelehrten sowie dem Herrn Handelskammersekretär Dr. Richard Ehrenberg in Altona, welcher sich auf seinen wissenschaftlichen Reisen für mein Vorhaben freundlichst interessierte, statte ich hiermit meinen verbindlichsten Dank ab.

Dr. W. Heyd.

Inhalt.

	Seite
1. Name und Ursprung der Gesellschaft	7
2. Die Huntpiss an der Spitze und die weiteren Genossen	9
3. Schauplätze der Handelsthätigkeit	14
a) Mailand	14
b) Genua	23
c) Mittelitalien	26
d) Unteritalien	27
e) Spanien	29
f) Die Niederlande	38
g) Deutschland	39
4. Gegenstände des Vertriebs . .	41
5. Das Ende der Gesellschaft	43

Anhang.

A. Urkunden, betreffend den Verkehr der Gesellschaft mit dem Ausland 49

B. Regesten zur inneren Geschichte der Gesellschaft . . . 85

1. Name und Ursprung der Gesellschaft.

Ladislaus Suntheim spricht in seiner sogenannten Chronik von einer Handelsgesellschaft, welche die Vorläuferin gewesen sei für die zu seiner Zeit blühenden Fugger und Welser. Er bezeichnet sie im Vergleich zu diesen als die erste Gesellschaft in hochdeutschen Landen. Sie sei in Ravensburg „erfunden und gemacht", d. h. gegründet worden durch die Bürger, genannt die Mötili [1]). Nach diesen Eingangsworten fährt er so fort: „Und in dieselben Geselschafft sind nachmalen khomen die Humpis, Pesserer, Täschler, Geldrich, Montpratn, Neydeckhenn, Anckareyte und ander, unnd ist die gros Geselschafft wordenn und haben gehanntirt in das Kunigreich von Appels, in Lamparttn, in die Kunigreich von Arragon, Valens, in Kastilia und in Katalonia etc." Die Geschichte dieser Ravensburger Handelsgesellschaft soll im folgenden durch neu gefundene Dokumente weiter aufgehellt werden. Ich heisse sie „die grosse Gesellschaft" nicht bloss nach dem Vorgang Suntheims, sondern weil sie selbst diesen Namen führte. Wiederholt wird sie so bezeichnet in Urkunden aus

---

[1]) Als ich auf diese Stelle zum erstenmal aufmerksam machte (Württ. Vierteljahrshefte für Landesgesch. 1880. S. 147), las ich den Namen der ersten Gründer „Mönli". Ich glaube aber nach nochmaliger Einsicht der Handschrift, dass „Mötili" gelesen werden muss; auch P. Stälin, Gesch. Württembergs 1, 792 sieht die Mottelin als die Vorgänger der Huntpiss an.

Bern, Luzern und Konstanz; in Mailand kannte man sie als die compagnia grande, als die magna societas mercatorum altioris Alamaniae oder superioris Germaniae. Was ihr ein Anrecht auf diese Benennung gab, war schon die erhebliche Zahl ihrer Mitglieder, welche sich auf den kleinen Kreis von Ravensburger Patriziern, die Suntheim aufzählt, keineswegs beschränkte, sondern durch Geschlechter der Nachbarstadt Konstanz namhaft verstärkt wurde und sogar in Schweizer Städte hinübergriff. Gross konnte sie aber auch genannt werden wegen der reichen Geldmittel, über die sie verfügte, und wegen der Ausdehnung ihrer Handelsverbindungen, von welcher die eben angeführten Worte Suntheims eine hohe Vorstellung erwecken, die aber durch die mir zugänglichen Urkunden sich noch bedeutender herausstellt.

In den Ravensburgern weckte schon die Nähe des Bodensees frühzeitig die Lust zu kaufmännischen Unternehmungen. Der Natur der Sache nach befassten sich zuvörderst nur einzelne mit dem Handelsbetrieb, und wenn ein Zusammenarbeiten stattfand, so blieb dies anfänglich auf den engsten Familienkreis beschränkt. So sind es zwei Gebrüder Wirt, welche vor 1400 mit Venedig in Verkehr traten und dort ihre Faktoren unterhielten; zwei Gebrüder Segelbach schlagen um dieselbe Zeit denselben Weg mit ihren Waren ein [2]). Und so mag auch das Haus Möttelin (Mötteli) zunächst für sich allein das Geschäft begonnen haben; je weiter es aber seine Kreise zog, desto mehr schien sich ihm die Vereinigung mit andern Ravensburger Kaufmannshäusern zu empfehlen. Daraus entstand, um Suntheims Worte zu gebrauchen, die erste Gesellschaft in hochdeutschen Landen. Dafür, dass die Möttelin ihre Gründer waren, bürgt uns freilich bloss die Tradition, welche der Ravensburger Suntheim in seiner Vaterstadt vorfand. Ueber die Zeit der Gründung erfahren wir von ihm nichts. Wir können aber dieselbe nicht früher als in die zweite Hälfte des 14. Jahrhunderts setzen. Denn der

---

[2]) Simonsfeld, der Fondaco dei Tedeschi in Venedig 2, 64 und die dazu gehörigen Urkunden.

Name Möttelin erscheint überhaupt in den Bürgerlisten Ravensburgs erst im Jahr 1337, in welchem Ulrich Möttelin das dortige Bürgerrecht erwirbt ³).

2. Die Huntpiss an der Spitze und die weiteren Genossen.

Infolge von Vorgängen, die sich unserer Kenntnis entziehen, schwang sich bald nach der Gründung dieser Association ein anderes Haus an die Spitze; die Möttelin schieden zwar nicht aus, aber sie traten von nun an in die zweite Linie zurück. Da aus der ersten Zeit nach der Gründung keine Dokumente erhalten sind, fehlt uns jeglicher Beleg dafür, dass die Gesellschaft sich je die Möttelinsgesellschaft nannte. Wohl aber gaben die neuen Chefs, um mich dieses modernen Ausdrucks zu bedienen, der Gesellschaft für mehr als ein Jahrhundert den Namen. Diese Chefs waren die Huntpiss, alteingesessene, wenn auch nicht ureinheimische Ravensburger, welche der dortigen Patriziergesellschaft (genannt „zum Esel") gleich von ihrem Beginn (1397) an angehören ⁴). Ihr Ansehen wurde nicht wenig dadurch erhöht, dass sie oftmals als Bürgermeister und Stadtammänner im reichsstädtischen Regimente sassen ⁵), während die Möttelin den Aemtern fernblieben. In der Kaufmannsgesellschaft, die uns hier allein interessiert, sind die Huntpiss seit 1419 als leitende Häupter urkundlich nachzuweisen. Jodokus (Jos) Huntpiss, der Sohn Huntpiss des Langen⁶), welcher in den Jahren 1365 und 1368

---

³) Hafner, Geschichte der Stadt Ravensburg (Ravensb. 1887) S. 174, 182; vgl. ferner S. 316 f.

⁴) Siehe den Auszug aus dem Stiftungsbriefe dieser Gesellschaft bei Hafner a. a. O. S. 146 ff.

⁵) Siehe die Magistratslisten bei Hafner a. a. O. S. 88 ff., auch das Fürstenberger Urkundenbuch Bd. 6, 19. 325. 422.

⁶) Konstanzer Formularienbuch des Nik. Schultheiss (früher in der Gymnasialbibliothek daselbst, jetzt im Karlsruher Archiv) S. 31 b.

Bürgermeister von Ravensburg gewesen war[7]), eröffnet die Reihe. Ihm zur Seite stand sein Vetter[8]) Ital oder Eitel, Sohn des Frick Huntpiss[9]). In Urkunden, welche die Kaufmannsgesellschaft betreffen, werden diese beiden Namen Jos und Eitel Huntpiss oft nebeneinander genannt. Gleich in der ältesten vom Jahr 1419 stellen diese zwei in eigenem Namen und im Namen ihrer „gemein Gesellschaft" eine Vollmacht aus zur Eintreibung eines Schuldpostens von einem Lübecker[10]). Darauf folgen viele andere bis zu der jüngsten vom Jahr 1463, in welcher ein Konstanzer, der die Interessen der Gesellschaft in Italien vertritt, sich als „Diener Josen und Ital der Humpis und ihr gemein Gesellschaft" bezeichnet[11]). Der eigentliche Chef war Jos. Die aus romanischen Ländern stammenden Urkunden wissen gar nichts von Eitel, sie kennen nur Jos und sie ziehen diesen Vornamen mit dem Zunamen in ein Wort zusammen: hieraus wird bei den Italienern der Name Josumpis, bei den Spaniern der Name Joushompis (oder Joghompis), und indem die Gesellschaft bloss nach diesem einen sich nennt, heisst sie z. B. in einer genuesischen Urkunde societas Alamanorum, quae dicitur de Josumpis[12]), in Spanien lautet die Firma Joushompis (Joghompis) y compañia. Diese Benennungen hindern uns natürlich nicht, daran festzuhalten, dass Eitel als nächster Genosse des Jos an der Leitung der Geschäfte beteiligt blieb. Es fragt sich nur, ob es in der ganzen Reihe von Jahren, für welche das Doppelregiment Jos-Eitel bezeugt ist, d. h. zwischen 1419 und 1463 immer derselbe Eitel ist, welcher mitregiert. Denn wir kennen

---

[7]) Fürstenberger Urkundenbuch Bd. 6, 74. Hafner a. a. O. S. 88. 168 (hier steht wohl nur durch Druckfehler die Jahreszahl 1366 statt 1368).

[8]) Dass Jos und Ital Vetter waren, geht sehr deutlich hervor aus dem Fürstenberger Urkundenbuch Bd. 6, 261, wie auch aus zwei Urkunden Itals in dem Humpissischen Copialbuch, herausg. von Baumann, Zeitschr. f. Gesch. des Oberrheins Bd. 32 (1880), S. 141. 146.

[9]) Dass. Copialbuch S. 86. 161. 164. 166.

[10]) Hafner a. a. O. S. 264.

[11]) Konstanzer Missivbuch d. J.

[12]) Urk. im Anh. Nr. V.

mindestens zwei Eitel Huntpiss innerhalb dieser Zeitgrenzen [13]). Aber auch bei dem Namen Jodokus regt sich der Zweifel, ob wir es immer mit einem Träger desselben zu thun haben, welcher im bejahenden Fall nicht weniger als 56 Jahre lang, nämlich von 1419 bis 1475 an der Spitze der Gesellschaft gestanden haben müsste. Dieser etwas unwahrscheinlichen Annahme entgehen wir durch Unterscheidung zweier Jodokus, ohne uns hierdurch auf das Gebiet der Hypothese zu verirren: denn sowohl in der Familie des älteren Jodokus [14]) als auch in derjenigen Eitels [15]) finden sich Söhne des Namens Jodokus. Einer dieser Söhne ist es wahrscheinlich, der im Jahr 1475 an der Spitze der grossen Gesellschaft stand und in dieser Eigenschaft (tanquam principalis societatis magnae) die Bestätigung ihrer Privilegienbriefe für das mailändische Gebiet erwirkte [16]). Bald nachher ergreift ein neues Mitglied des Hauses Huntpiss mit dem Vornamen Onofrius, welcher zuweilen in Nofilus [17]) oder Noffel [18]) verketzert wird, die Zügel der Gesellschaft und leitet sie bis gegen Ende des Jahrhunderts, wie jedenfalls für die Jahre 1479—1497 bestimmt nachgewiesen werden kann. Neben ihm wird Klemens Ankenreute im Jahr 1492 in einer Weise genannt, dass er fast als Vorstandsmitglied erscheint [19]). Wer nach Onofrius kam,

---

[13]) Man vergleiche nur die Urkunde des Jahres 1437 im Fürstenberger Urkundenbuch Bd. 6. 325, wo ein jüngerer und ein älterer Ytal zusammen vorkommen.

[14]) Humpissisches Copialbuch a. a. O. S. 139. 140. 141.

[15]) Unter den vier Söhnen des Eitel II. d. ält. ist einer Namens Jos laut des Schreibens von Bürgermeister und Rat in Konstanz d. d. Hilarientag 1473 (Konstanzer Missivbuch d. J.).

[16]) Urk. im Anh. Nr. XI.

[17]) So in einem später näher zu erwähnenden Brief im Deutschen Missivenbuch zu Bern D. Fol. 118.

[18]) So in einem Lindauer Brief s. unten in der Abt. Niederlande.

[19]) Urk. im Anh. Nr. XIV. Am 21. April 1497 wird sogar auf bernischem Gebiet sicheres Geleit versprochen dem Ant. Ankenreute und „seiner Gesellschaft zu Raffischburg", womit doch wohl nichts anderes als die Huntpissgesellschaft gemeint ist. Die Urkunde findet sich in dem „Spruchbuch 1493—98" S. 212 auf dem Berner Staatsarchiv.

wissen wir nicht, da überhaupt die letzten Jahre der Gesellschaft in grosses Dunkel gehüllt sind.

An das die Oberleitung behauptende Patrizierhaus schlossen sich nicht wenige Mitglieder an, sei es dass sie ihre kaufmännischen Talente, Erfahrungen und Errungenschaften in den Dienst der Gesellschaft stellten, sei es dass sie bloss als stille Teilhaber durch ihre Einlagen das Kapital der Gesellschaft vermehrten. Nach dem eingangs erwähnten Berichte Suntheims wäre anscheinend die Association schon dadurch zu ihrer vollen Ausgestaltung gelangt, dass einige weitere Ravensburger Geschlechter sich zu den Huntpiss gesellten [20]). Aber auch wenn wir zu den von Suntheim genannten noch die andern Ravensburger Häuser hinzunehmen, welche Gutermann ohne näheren Nachweis zu der Huntpissgesellschaft zählt [21]), so ist die Zahl der Mitglieder noch lange nicht voll. Wir müssen noch in andern Städten Umschau halten. Viele der oberschwäbischen Patrizierfamilien verzweigten sich von Stadt zu Stadt. So nennt z. B. Suntheim die Ravensburger Besserer, aber es gab Besserer ebensogut in Konstanz wie in Ravensburg, in Memmingen ebensogut wie in Ulm. Ein Zweig der Muntprat wohnte in Ravensburg, der Hauptsitz des Geschlechtes war aber Konstanz. Diese Verzweigungen leisteten auch der kaufmännischen Association bedeutenden Vorschub. Dazu kam dann noch das Ineinanderheiraten der Geschlechter. Die Heiratsverbindungen z. B., welche die Huntpiss zunächst mit dem Ravensburger Zweig der Muntprat eingegangen hatten, brachten ihnen auch das Konstanzer Haupthaus nahe und führten zu dessen Eintritt in die Gesellschaft. Dem Beispiele der

---

[20]) Unter diesen scheinen nur die Ankenreute nach dem Obigen eine bedeutendere Rolle innerhalb der Gesellschaft gespielt zu haben; ihr Stammsitz war Oberankenreute bei Schlier, doch liessen sie sich frühe als Bürger in Ravensburg nieder. Siehe Hafner a. a. O. 182. 555 und sonst.

[21]) Er nennt die Herren von Randegg, die Roth v. Schreckenstein, die Sirgen v. Sirgenstein, die Brandis, die Croaria. Serapeum Jahrg. 6 (1845). S. 263 f.

Muntprat folgten andere und bald war ein guter Teil des Konstanzer Patriziats mit den Huntpiss vergesellschaftet [22]). Man kann sagen, dass der Kern der grossen Gesellschaft durch zwei engverbundene Gruppen gebildet wurde, deren eine in Ravensburg, deren andere in Konstanz sass, und gerade die letztere umfasste Kaufmannshäuser, in welchen grosse Geschäftserfahrung und gründliches Vertrautsein mit fremden Handelsplätzen zu Hause war. In Spanien, wo man von dem kleineren Ravensburg weniger wusste als von dem weltberühmten Konstanz, galt die Joushompiscompagnie, wie man sie dort nannte, sogar als eine Konstanzer Gesellschaft. Von Bodenseestädten mag ausserdem das weniger bedeutende Lindau genannt werden, wo die wenigstens zeitweise dort angesiedelten Möttelin und die von Konstanz herübergezogenen Fry, dann mehrere hier begüterte Huntpiss selbst und die Neidegg, deren Stammburg bei Isny stand, die Huntpissgesellschaft repräsentierten [23]).

Auch in die Schweiz hinüber erstreckten sich die Verzweigungen dieses grossen Kaufmannsvereins. Durch seine eheliche Verbindung mit Anna Mangolt von Sandegg (1495) wurde der Patrizier von Luzern alt Schultheiss Jakob von Hertenstein Inhaber einer Einlage bei der Huntpissgesellschaft: sein Name ist, wie wir sehen werden, eng verwoben mit der Geschichte des Niedergangs derselben. Ausserdem zählte die Gesellschaft unter den Bürgern von Bern zahlreiche Mitglieder [24]), einige auch in Zürich [25]), wo das Haus Muntprat seine Ableger hatte.

Endlich scheinen einzelne deutsche Kaufleute an solchen auswärtigen Plätzen, an denen die Huntpissgesellschaft stark

---

[22]) Namen, die hierher gehören, findet man in den Regesten zur inneren Geschichte der Gesellschaft am Schluss des Anhangs.
[23]) Primbs, der Mötteli-Handel in den Schriften des Vereins für Geschichte des Bodensees II. 13, S. 155 ff. Reinwald, Beiträge zur Geschichte der Geschlechter und des Bürgerthums in Lindau. Ebenda S. 176 ff.
[24]) Urkunden im Anh. Nr. VIII, IX.
[25]) Urk. im Anh. Nr. XVIII.

vertreten und einflussreich war, der letzteren, wenn auch nur vorübergehend, beigetreten zu sein. So in Mailand Georg Fugger aus dem berühmten Augsburger Haus, Bruder des reichen Jakob Fugger[26], ferner der Nürnberger Johann Brennlin, dessen Namen die Italiener in Borlino oder Burlino verwandelten[27]).

3. Schauplätze der Handelsthätigkeit.

a) Mailand.

Dass die Ravensburger sich früher mit ihrem Handel gerne nach Venedig wandten, dafür gibt es besonders aus den Jahren 1390—1402 reichliche Belege. Sie folgten dabei dem grossen Strom der deutschen Kaufmannschaft. Von der Huntpissgesellschaft speziell ist aber bis jetzt nicht nachzuweisen, dass sie Venedig zum Ziel ihrer Handelsthätigkeit machte. Statt dessen wählte sie zu einem solchen mit Vorliebe die Lombardei. Dies geschah ohne Zweifel unter dem Einfluss der Konstanzer Genossen. Zwischen Konstanz und Mailand nämlich bestanden seit geraumer Zeit freundschaftliche Beziehungen. Zweimal, in den Jahren 1386 und 1391, sah die Stadt Konstanz Abgesandte der Kaufmannschaft Mailand bei sich, welche den Zweck verfolgten, für ihre Landsleute die Wege nach Deutschland zugänglicher, sicherer und kostenfreier zu machen[28]). Sowohl der Splügen[29] als der Lukmanier[30] kamen dabei in Betracht, beide

---

[26]) Urk. im Anh. Nr. XII. Vergl. Simonsfeld a. a. O. 2. 61.

[27]) Urk. im Anh. Nr. XII. Vgl. Simonsfeld 1. 327. 2, 79.

[28]) Dies ersieht man aus dem Regesto dei documenti dei secoli XIII e XIV conservati nell' Archivio camerale im Anhang der Atti della Camera di commercio di Milano 1889. und zwar aus den Regesten Nr: 48. 49. 55, womit die ähnlichen Bestrebungen der Florentiner Kaufmannschaft zu vergleichen sind (Zeitschr. f. d. Gesch. des Oberrheins 4, 41).

[29]) Via di Chiavenna im Reg. Nr. 49.

[30]) Beil. zu Reg. Nr. 55, wo von Warentransport ab Habiasca (Biasca am Ticino) usque Costantiam die Rede ist, während Reg. Nr. 56 das am nördlichen Fuss des Passes gelegene Disentis als Zollstätte erwähnt.

Pässe führten hinaus an den Bodensee, auf welchem Konstanz das Recht des Geleites besass, und in diese Stadt selbst. Wohin es dann weiter ging[31]), das haben wir hier nicht zu erörtern. Wohl aber müssen wir die entgegenkommende Haltung des Rats von Konstanz ins Auge fassen, welcher im Jahr 1392 (Dienstag vor Lichtmess) die Errichtung eines Hauses (die Ueberschrift gibt ihm den bezeichnenderen Namen einer Gred) beschloss, worin den „Walhen von Mailan und andern frömden Lüten" ihr Gut besorgt und aufbewahrt werden solle[32]). Es konnte ja auch der Stadt Konstanz nur zum Gewinn ausschlagen, wenn die lombardischen Kaufleute auf ihrem Wege nach Deutschland oder von Deutschland her mit ihren Waren hier Aufenthalt machten. Im Vertrauen auf die im beiderseitigen Interesse liegende Freundschaft nahm die Mailänder Kaufmannschaft wiederholt die Dienste der Stadt Konstanz in Anspruch, wenn eines ihrer Mitglieder auf deutschem Boden festgenommen oder beraubt worden war, und der Herzog von Mailand that auch wieder einen Gegendienst, indem er auf die Bitte der Stadt Konstanz zwei Ravensburger Kaufleute, denen in seinem Gebiet das Gleiche begegnet war, in Freiheit setzte[33]). So waren für die Huntpissgesellschaft die Wege durch die Lombardei zum voraus geebnet. Kamen ihr auf der einen Seite die Handelsprivilegien zu gute, welche die Herzöge von Mailand seit Filippo Maria Visconti (gest. 1447) allen Deutschen einräumten[34]), so erfuhr sie noch grössere Förderung eben durch das Wohlwollen, welches man am mailändischen Hofe und

---

[31]) Zunächst allerdings durch die Grafschaft Nellenburg. Reg. Nr. 51—55.

[32]) Konstanzer Ratsbuch von diesem Jahr im dortigen Stadtarchiv.

[33]) Zeitschr. f. d. Gesch. des Oberrheins 4, 32 ff.

[34]) Die Privilegienbriefe aus dem 15. Jahrhundert existieren nicht mehr im Original, wohl aber findet sich ein solcher von Galeazzo Maria Sforza aus dem Jahr 1469 vollständig eingerückt in eine Urkunde von Francesco II. Sforza aus dem Jahr 1522, wo dieser Herzog auf die Bitte der Kaufleute von Ober- und Niederdeutschland sowohl jenen Privilegienbrief als die Erneuerungen desselben von 1477 und 1495 bestätigt. Eine Abschrift davon verdanke ich Herrn Ghinzoni.

unter der dortigen Kaufmannschaft den Konstanzern entgegenbrachte. Mancher Konstanzer, der früher vielleicht in eigenen Geschäften Mailand besucht hatte, kehrte jetzt als Mitglied der Huntpissgesellschaft oder als Faktor derselben wieder.

Die ältesten Zeugnisse für das Auftreten der Gesellschaft von Ravensburg im Herzogtum Mailand müssen verloren sein. Es hängt dies vielleicht zusammen mit dem Lose gewaltsamer Vernichtung, welches viele Urkunden der Herzöge aus dem Hause Visconti bei dem Untergang dieser Dynastie getroffen hat, weswegen das Mailänder Staatsarchiv verhältnismässig arm an Urkunden aus dieser Periode ist. An die Stelle der verlorenen Akten müssen hier Schlussfolgerungen treten. Es ist, wie wir weiter unten sehen werden, gut bezeugt, dass die Huntpissgesellschaft schon im Jahr 1426 in Spanien festen Fuss gefasst hatte. Nun erfolgte aber die Anknüpfung der Verbindungen mit Spanien von Genua aus. Zu dieser Hafenstadt führte als die natürlichste Etappe Mailand. Somit haben wir uns die Huntpissgesellschaft mit Mailand ziemlich lange vor 1426 in Verkehr stehend zu denken. Urkundlich erscheint sie auf diesem Gebiet zuerst in der Zeit, als der letzte Herzog aus dem Hause Visconti, Filippo Maria, regierte (1412—1447). Die Vertretung der Gesellschaft war dem Heinrich Fry anvertraut, welchem wir noch öfter begegnen werden. Er gehörte einem Konstanzer Patriziergeschlecht an, das sich auch nach Kempten, Ravensburg und Lindau verzweigte [35]. Heinrich und Hans Fry waren im Jahr 1430 mit den Behörden der Heimatstadt in Zwietracht geraten [36]. Wahrscheinlich im Zusammenhang damit wandte sich Heinrich zunächst nach Kempten, dann nach Ravensburg, wo er im Jahr 1441 als Bürger angenommen wurde, und zwar leisteten bei diesem Akt Ital Huntpiss der ältere und Jos Huntpiss

---

[35] Eiselein, Geschichte der Stadt Konstanz, S. 20. Marmor in den Schriften der Gesellschaft für Gesch. des Bodensees Heft 5. S. 72. Reinwald ebenda Heft 13, S. 181.

[36] Sammlung des Prälaten Schmid von Ulm Nr. 11 im Stuttgarter Haus- und Staatsarchiv.

der jüngere für ihn Garantie[37]). Von da ging er im Auftrag der Huntpiss nach Italien. Er wusste sich bei Filippo Maria Visconti in Gunst zu setzen, welcher ihn unter grossen Lobeserhebungen seinen Geheimen (familiares) zugesellte und ihm samt etwaigen Begleitern und Dienern freien Pass ohne irgendwelche Abgabe durch das ganze mailändische Gebiet gestattete[38]). Auch während des republikanischen Regiments, welches nach dem Tode dieses Herzogs in Mailand aufgerichtet wurde, blieb Fry auf seinem Posten trotz der für den Handel höchst ungünstigen Zustände. Francesco Sforza, der Schwiegersohn des letzten Visconti, war noch nicht Herzog, nur erst Feldhauptmann der ambrosianischen Republik, als er dem Heinrich Fry, Faktor des deutschen Kaufmanns Jodokus Huntpiss — hier der edle Josumpis genannt — einen Geleitsbrief ausstellte für das kleine Gebiet, welches Francesco damals mit seinem Kriegsvolk besetzt hielt: es umfasste wenigstens die Städte Pavia, Cremona und Parma, welche im Brief genannt sind, desgleichen Piacenza, von wo aus er datiert ist, während Casal maggiore noch als feindliches Gebiet bezeichnet wird[39]). Herzog geworden (1450), gewährte er die gleiche Gunst dem Ulrich Fry, welcher gleichfalls im mailändischen Gebiet sich niedergelassen hatte[40]). Ulrich sowohl als Heinrich werden in diesen lateinischen Urkunden hier wie später Francus (Franchus) genannt, da sie beim Uebertritt nach Italien ihr „Fry" wohl selber in Franco verwandelt hatten.

Unter den Sforzas kehrten wieder ruhigere Zeiten im Herzogtum Mailand ein: die deutschen Kaufleute, von denen uns vorwiegend Konstanzer, Ulmer, Augsburger und Nürnberger begegnen, machten gute Geschäfte und mehrten sich

---

[37]) Hafner a. a. O. S. 320.

[38]) Undatierte Urkunde unter den Diplomi ducali im Mailänder Staatsarchiv, mir mitgeteilt von Herrn Ghinzoni.

[39]) Urk. vom 20. November 1447 im Anh. Nr. II.

[40]) Urk. d. d. Mailand 31. März 1451, aus einer gleichzeitigen Kopie im Reg. ducal. Nr. 87. Fol. 222 b des Mailänder Staatsarchivs, mir auszüglich mitgeteilt von Herrn Dr. Schellhass.

so, dass sie sogar an die Errichtung eines gemeinsamen Wohn- und Warenhauses (Fondaco) für ihre Nation denken konnten, welches freilich aus unbekannten Gründen doch nicht zu stande kam[41]). Unter den Kaufleuten, welche diesen Plan dem Herzog Galeazzo Maria Sforza (1472) nahe legten, war auch Jacomo Franco[42]), höchst wahrscheinlich ein Fry von Konstanz, ob aber auch Vertreter oder auch nur Mitglied der Ravensburger Gesellschaft, das muss dahingestellt bleiben. Auch jenen Heinrich Fry, welcher als Faktor der Huntpiss urkundlich bezeugt ist, treffen wir wieder 1473 im Mailändischen, in Verfolgung eines treulosen Schuldners begriffen[43]). Wie es scheint, kam es häufig vor, dass die mailändischen Schuldner ihren Verpflichtungen gegen die Fremden sich zu entziehen suchten. Deshalb liessen sich Jodokus Huntpiss und seine Genossen von der grossen Compagnie im Jahr 1475 durch den Herzog Galeazzo Maria die Zusicherung erteilen, dass, wenn er je für gut fände, die ihnen gewährten Sicherheitsbriefe zurückzuziehen, ihnen von dem Tage der Kündigung ab noch ein Jahr lang gestattet sein solle, im Herzogtum zu bleiben und ihre Geldangelegenheiten ins reine zu bringen[44]). Welch grossen Wert die Gesellschaft auf den stätigen und ununterbrochenen Fortgang ihrer Verbindungen mit dem Herzogtum Mailand legte, das zeigte sich abermals im Jahr 1486, als die Graubündner über Bormio und Chiavenna in die Lombardei hereinbrachen. Da fürchtete die Gesellschaft, an deren Spitze jetzt Onofrius Huntpiss stand, sie möchte hierunter zu leiden haben, indem die Beamten

---

41) Ich habe über dieses Projekt eine kurze Notiz gegeben in Quiddes Deutscher Zeitschrift für Geschichtswissenschaft Jahrg. 1889, Bd. 1. S. 454—456.

42) Er kommt wieder als Giacomo de Franco vor, indem er in Gemeinschaft mit dem Nürnberger Joh. Bräunlin Waren losbittet, welche man in Pavia sequestriert hatte. Mailänder Archivnotiz, mitgeteilt von Herrn Ghinzoni.

43) Urk. vom 12. November 1473 im Mailänder Staatsarchiv. Abteilung Registro Missive Nr. 112. Fol. 330, mir in Abschrift mitgeteilt von Herrn Ghinzoni.

44) Siehe die zwei Urkunden Nr. X und XI im Anhang.

des Herzogs ihre Mitglieder als Landsleute und Bundesgenossen der Graubündner bedrängen und berauben werden. Sie verwahrten sich gegen den Verdacht, mit den Graubündnern gemeinschaftliche Sache zu machen: der Herzog sah ihre Schuldlosigkeit ein und schützte sie [45]).

Durch viele Jahrzehnte hin war das Einvernehmen der Gesellschaft mit den Machthabern in Mailand ein ungestörtes gewesen, und noch im Jahr 1490 bestätigte die herzogliche Regierung dem Onofrius Huntpiss und Genossen die Zusicherung vom Jahr 1475 unter der damals schon ausgesprochenen Voraussetzung, dass sie die hergebrachten Zölle und Weggelder entrichten [46]). Da entstand plötzlich ein Konflikt, herbeigeführt durch die Schuld der Gesellschaft selbst. Im Mai 1497 passierten zwei Lastwagen die Zollstätte von Mailand; ihr Inhalt gehörte der Ravensburger Gesellschaft und wurde von deren Agenten deklariert als Zinn, das nach Genua bestimmt sei. Bereits war die Ware vom Zollamt abgefertigt, da schöpften die Beamten noch den Verdacht, es könnte Silber unter dem Zinn verborgen sein. Sie verständigten davon den Münzmeister Giov. Ant. de Castellono, und auf dessen Anordnung wurden die Wagen bei der Osteria di S. Giorgio ausserhalb der Stadt angehalten. Man schickte nun nach dem Deutschen, welcher die Geschäfte der Compagnie in Mailand besorgte, um ihm die Frage vorzulegen, ob Silber unter der Ladung sei. Dieser hatte wohl Wind von der Sache bekommen und erschien nicht. Nur seinen Hauswirt konnte man zur Stelle bringen, einen gewissen Branda de Serono, welcher in starkem Geschäftsverkehr mit der Gesellschaft stand. Nun wurden in Gegenwart des genannten Münzmeisters, des Goldschmieds Fra Rocco und anderer Vertrauenspersonen vier Ballen geöffnet und in jedem derselben fand sich zwischen dem Zinn versteckt eine Platte Silber. Nach den bestehenden Gesetzen verfiel dieses Silber und die Zugtiere, die es führten, der Konfiskation; überdies

---

[45]) Urk. Nr. XII im Anhang.
[46]) Urk. XIII ebenda.

musste ein Strafgeld von 5 Goldgulden für jede Marca Gewicht (es hatte 487 Marche gewogen) erlegt werden[47]). Die Diener der Gesellschaft suchten das Silber wieder herauszubekommen, aber vergebens. Nun verfielen die Konstanzer Gesellschaftsmitglieder auf den Gedanken, den Nikolaus im Steinhus, einen der angesehensten aus ihrer Mitte, an den Herzog Lodovico il Moro abzuordnen. Bürgermeister und Rat von Konstanz gaben diesem Vertreter einen warmen Empfehlungsbrief mit, um wo möglich die herzogliche Ungnade von der Gesellschaft abzuwenden[48]). Der Vertreter war nicht ungeschickt gewählt; denn es konnte am herzoglichen Hofe wohl noch bekannt sein, wie sehr der erste Sforza, Francesco, seinerzeit den Thomas im Steinhus ausgezeichnet hatte[49]). Aber wir erfahren nicht, dass der Herzog durch Nikolaus im Steinhus umgestimmt worden wäre; auch eine längere Denkschrift der Gesellschaft verfehlte ihren Eindruck auf ihn um so mehr, als sie die Sache vor das kaiserliche Forum zu ziehen suchte, was Lodovico, stolz auf seine herzogliche Machtvollkommenheit, zurückwies[50]). Endlich legte sich die schweizerische Eidgenossenschaft ins Mittel. Innerhalb des Gebiets derselben hatte ja die Gesellschaft auch zahlreiche Mitglieder, eines sogar unter den Regierenden, den alt Schultheiss Jakob von Hertenstein in Luzern. Nun begab sich im Auftrag der

---

[47]) Dies nach der Darstellung der Mailänder Behörde. Urk. im Anh. Nr. XV.

[48]) Urk. im Anh. Nr. XVI. Der Bischof Heinrich von Chur fügte hierzu noch einen Auftrag von sich aus, wobei er seinen Mandatar bei dem Herzog als den Nicolaus de Casa lapidea, civis Constantiensis ac magnae mercatorum Alamaniae societatis negociorum gestor, einführt. Urk. d. d. 12. November [14]95 im Mailänder Staatsarchiv, potenze estere, Svizzeri, mir im Regest mitgeteilt von Herrn Dr. Schellhass.

[49]) Dies geschah durch mindestens drei Diplome d. d. 8. Oktober 1462, 31. August 1463, 17. April 1464, von welchen ich durch Herrn Ghinzoni Kunde habe; das letzte liegt mir in Abschrift vor (aus Registri missive e ducali, fogli staccati): der Herzog zählt hier den Thomas zu seinen „aulici et familiares, commensales et domestici" und befreit ihn von allen Zöllen und Abgaben.

[50]) Urk. im Anh. Nr. XVII.

Tagsatzung Ludwig Seiler von Luzern nach Mailand, um den Herzog zur Rückgabe des Silbers zu bewegen, dessen Wert auf 12654 Pfund, 2 Solidi und 6 Groschen in kaiserlicher Münze, gleich 8834½ Gulden, 5 Solidi und 6 Groschen rheinisch angeschlagen wurde. Der Herzog willigte der Eidgenossenschaft zuliebe ein, obgleich nicht all dieses Silber in seinen Schatz übergegangen war, da er vielmehr ein Drittel dem Münzmeister, ein anderes dem Entdecker des Schmuggels hatte überlassen müssen. In zwei Briefen vom 8. Februar 1498, welche Seiler nach Hause brachte, kündigte der Herzog die Absendung eines Bevollmächtigten an, welcher die Sache bereinigen werde. Dieser kam auch in der Person des herzoglichen Kanzlers Francesco Litta zu der auf den 20. März nach Luzern anberaumten Tagsatzung und verhandelte da mit den vier schweizerischen Mitgliedern der Huntpissgesellschaft, welche im Namen aller erschienen waren, dem Ritter Ulrich Muntprat von Zürich, dem Jakob von Hertenstein, Bürger von Luzern, dem Dominikus von Frauenfeld, Bürger von Zürich, und dem Moriz Hurus [51]). Es wurde den 24. März vereinbart, die obengenannte Summe solle am 1. März nächsten Jahres an die Faktoren der Gesellschaft in Mailand oder, wenn der Herzog diesen Termin nicht einhalten könne, in Luzern an die Gesellschaft selbst ausgezahlt werden, in letzterem Fall aber in rheinischer Münze und unter Schadloshaltung der Gesellschaft bezüglich des Zinses [52]). Gewiss ein unvermuteter Sieg, welcher bloss dem mächtigen Einfluss der Eidgenossenschaft zuzuschreiben ist! Die Gesellschaft selbst war offenbar im Unrecht; doch fehlt die Denkschrift, in welcher sie eine

---

[51]) Die Hurus oder Hyrus stammen aus Konstanz. In der ersten Zeit des Buchdrucks übten zwei Hurus aus Konstanz diese Kunst in Spanien. Im Konstanzer Missivbuch vom Jahr 1477 kommen drei Brüder von Schönau vor, „die man nennt Huruss".

[52]) Ich teile diese Uebereinkunft mit in der Urk. Nr. XVIII. Die Geschichte ihres Zustandekommens wird noch einigermassen vervollständigt durch den Abschied der Berner Tagsatzung vom 19. Februar 1498. Siehe Sammlung der älteren eidgenössischen Abschiede Bd. 3. Abteil. 1. S. 564; vgl. ferner S. 564.

Rechtfertigung dem Herzog gegenüber versuchte. Die zahlreichen Papiere, welche das Mailänder Staatsarchiv noch weiter über diesen Fall enthält, tragen nach dem Urteil des Herrn Ghinzoni nichts von Belang zur Beleuchtung des Falls bei.

Diese leidige Defraudationsgeschichte[53]) ist schon eines der Symptome des Verfalls, welcher in den nächsten Jahrzehnten über die Gesellschaft hereinbricht. Ein weiteres erkennen wir darin, dass die Gesellschaft im Jahr 1518 durch ihre Faktoren dem Jakob von Hertenstein alle ihre Schuldner im Herzogtum Mailand und in dessen Nachbarschaft überweisen liess, worauf Hertenstein einen gewissen Gerold mit Einkassierung der Gelder beauftragte[54]). Offenbar hatte dieser reiche Luzerner Patrizier der Gesellschaft grosse Summen vorgestreckt, und die im Rückgang begriffene Gesellschaft wusste ihn nicht mehr durch andere Mittel zu befriedigen als durch eine solche Cession. Letztere bedeutete aber noch nicht, dass die Gesellschaft den Mailänder Markt überhaupt aufzugeben im Begriff war. Wir können das Gegenteil daraus schliessen, dass sie noch im Jahr 1520 ihren Faktor in Mailand hatte in der Person des Paul Hinderofen von Wangen. Diesem begegnete es, dass er auf Befehl der damals in Mailand gebietenden französischen Behörden festgenommen wurde, weil er sich einer ungerechten Forderung derselben nicht gefügt hatte. Die Stadt Luzern verwandte sich dafür, dass er wieder freigelassen und keine weitere Forderung an ihn gestellt wurde[55]). Wenige Jahre nachher

---

53) Eine Defraudation anderer Art bildete den Gegenstand einer Beschwerde, welche der mailändische Gesandte Moresini bei der schweizerischen Tagsatzung vorzubringen beauftragt war (Instruktion vom 14. Juli 1498 im Archivio di stato di Milano, potenze estere, Svizzeri, auszüglich mitgeteilt von Herrn Dr. Schellhass): einige deutsche (schweizerische) Kaufleute hatten mit den eigenen Waren auch fremde zollfrei durchzubringen gesucht, indem sie sie bei dem mailändischen Zollamt als eigene deklarierten; auch hierfür die Ravensburger Gesellschaft verantwortlich zu machen, hat man keinen Grund.

54) Urk. im Anh. Nr. XX.
55) Urk. im Anh. Nr. XXI.

erfolgte die Auflösung der Gesellschaft: Paul Hinderofen blieb in Mailand, aber um fortan eigene Geschäfte zu betreiben.

b) Genua.

Von Mailand aus das Meer zu erreichen, war ein Wunsch, der sich bei unternehmenden Kaufleuten von selbst verstand. Als nächster Seehafen bot sich Genua dar. Nach dieser Stadt suchte bekanntlich schon Kaiser Sigmund den Handelsverkehr der Deutschen zu lenken und zwar gerade um die Zeit, als die Huntpiss an die Spitze der Ravensburger Gesellschaft traten. Im allgemeinen folgten die süddeutschen Reichsstädte dem Impuls des Kaisers nur widerstrebend und zögernd. Williger als die andern liessen sich die Städte in Oberschwaben und um den Bodensee her dazu herbei. Ihnen war schon infolge ihrer geographischen Lage diese Verkehrsrichtung bequem und keineswegs ungewohnt. Hatte doch der schwäbische Städtebund erst im Jahr 1398 einen Gesandten nach Genua geschickt und dort den Wunsch kundgegeben, den alten Verkehr mit dieser Stadt in lebhafterer Weise wieder aufzunehmen[56]). Es ist ganz bezeichnend für die Entwicklung der Dinge, dass die ersten Schritte zur neuen Anbahnung des Verkekrs mit Genua durch einen Konstanzer Bürger[57]) gethan wurden, welcher mit Beglaubigungsschreiben von seiner Vaterstadt uud von andern Bodenseestädten nach Genua kam. Er bat den Dogen um die Erlaubnis für die deutschen Kaufleute behufs des Warenkaufs die Stadt zu besuchen, vorausgesetzt, dass sie dort hinsichtlich des Zolls und anderer Abgaben ebenso günstige Bedingungen vorfänden wie in Venedig. Der Doge stellte eine noch weit günstigere Be-

---

[56]) Vergl. meine Abhandlung über den Verkehr süddeutscher Städte mit Genua während des Mittelalters in den Forschungen zur deutschen Geschichte Bd. 24 (1884). S. 213 ff., aus welcher ich hier einiges kurz wiederholen muss.

[57]) „Quidam civis Contantiensis", deutsche Reichstagsakten 7. 360, wohl nicht identisch mit dem auf S. 361 genannten Erhard Schürstab von Konstanz.

handlung der Deutschen in Aussicht und vermochte auch den Herzog von Mailand, von denselben mässige Transitzölle zu fordern. Beide Fürsten bestätigten brieflich ihre guten Absichten und liessen durch einen Gesandten noch weiter mündlich entwickeln, inwiefern Genua für die Deutschen ungleich mehr Vorteile biete als Venedig. Unter anderem wurde auch hervorgehoben, dass die deutschen Kaufleute und deren Agenten mit ihren Waren und Geldern genuesische Schiffe ungehindert besteigen und nach allen Weltgegenden fahren könnten, was ihnen in Venedig nicht gestattet sei. Dies wurde im Jahr 1417 verhandelt. Einen nachhaltigen Eindruck machten die Mahnungen des Kaisers und die Lockungen aus Mailand und Genua nur bei einem kleinen Teil der deutschen Kaufmannswelt, bei den Oberschwaben namentlich und bei den Anwohnern des Bodensees. Sie hatten, wenn sie in Genua ausharrten, freilich manche inneren Wirren und Angriffe von aussen dort mit durchzumachen, welche dem Gedeihen des Handels wenig förderlich sein mochten. Auch wurden damals die Freiheiten, deren Genuss den Deutschen vertragsmässig zustand, bald durch gewaltthätige Machthaber in Frage gestellt, bald von habsüchtigen Zolleinnehmern verletzt. Unter diesen Umständen verzichteten auch die ausdauerndsten unter den deutschen Städten am Ende auf den Verkehr mit Genua. Die Zeiten besserten sich erst von da ab, als die Stadt sich den Herzogen von Mailand aus dem Hause Sforza unterwarf. Dies begab sich im Jahr 1464 und schon zwei Jahre darauf erschien vor den genuesischen Regierungsbehörden ein Abgesandter oberschwäbischer Städte (communitates imperiales ligae Sueviae), welche in Ulm getagt und dort beschlossen hatten, unter den veränderten Verhältnissen den Verkehr mit Genua wieder aufzunehmen. Dieser Gesandte unterhandelte nicht etwa bloss zu Gunsten der oberschwäbischen, sondern zu Gunsten der gesamten deutschen Kaufmannschaft. Die 13 Punkte, in welchen er die Wünsche derselben niederlegte, wurden nicht alle genehmigt, aber die genuesische Regierung glaubte bei ihrer Rückäusserung so weit als möglich entgegengekommen zu sein. An sich fällt dieser Vertrag (Conventiones Alla-

manorum de anno 1466) wegen seiner Geltung für alle
Deutsche ausserhalb unseres speziellen Themas. Nichtsdestoweniger ist er um seines Ursprungs willen gerade für uns
von hoher Wichtigkeit und deshalb im Anhang wieder abgedruckt[58]). Wer tritt da, fragen wir, als Sprecher für die
deutsche Kaufmannschaft in Genua auf und zwar mit so
tiefem Einblick in ihre Lage und in ihre Bedürfnisse, dass
wir ihn keineswegs als Neuling auf diesem Boden betrachten
können? Es ist abermals ein Konstanzer und zwar jener
Heinrich Fry, der schon seit geraumer Zeit auch in Mailand Geschäfte trieb und sich dort in der herzoglichen Gunst
festzusetzen gewusst hatte. In dem Vertragsdokument selbst
treten seine persönlichen Verhältnisse natürlich zurück. Hier
ist er eben der Enricus Franchus de Constantia, welcher
namens der Deutschen unterhandelt. Dass er selbst mit verflochten ist in das kaufmännische Treiben, verrät sich bloss
in einem kleinen Zuge, indem er beispielsweise anführt,
wie er von genuesischen Zolleinnehmern überfordert worden
sei, als er einmal zur See Alaun eingeführt habe. Aber in
einer andern, leider undatierten genuesischen Urkunde gibt
er sich in seiner Eigenschaft als „factor et negociorum gestor
societatis Alamanorum, quae dicitur de Josumpis" zu erkennen.
Damals galt es, seiner Gesellschaft Waren wiederzuverschaffen,
welche von genuesischen Piraten geraubt und nach Savona
gebracht worden waren [59]).

Für eine so unternehmende Handelsgesellschaft wie die
Ravensburger war, verlohnte es sich wohl, in der ligurischen
Seestadt einen Vertreter aufzustellen. Hier fand sie nicht
bloss einen Markt, um Waren zu kaufen und abzusetzen,
sondern auch einen Hafen, von welchem aus sie ihre Güter
auf beliebigen Schiffen übers Meer senden, oder in welchem
sie solche Güter vom Schiff aus in Empfang nehmen konnte.
Neben deutschen Faktoren, welche diesen Umsatz und Transport besorgen mussten, nahm sie auch wohl Genuesen in

---

[58]) Urk. im Anh. Nr. IV.
[59]) Urk. im Anh. Nr. V.

Dienst, wie denn z. B. ein Lodovico Centurione als ihr „Respondent" (Kommissionär) in Genua genannt wird[60]).

c) Mittelitalien.

Wenn wir beim Fortgang unserer Untersuchungen über die Humpissgesellschaft auf die Entdeckung stossen, dass sie auch Beziehungen zu Rom und Siena unterhielt, welches doch nie Warenmärkte von Belang waren, so wird uns das im ersten Augenblick befremden. Allein wir lernen eben dadurch die Gesellschaft nur von einer neuen Seite kennen, welche später noch weiter ans Licht treten wird. Sie machte nämlich neben dem Warenhandel auch Bank- und Wechselgeschäfte. Als die Eidgenossenschaft im Jahr 1473 den Berner Stadtschreiber Thüring Frickhardt in einer hier nicht näher zu berührenden Angelegenheit an den Papst abordnete und zu erwarten stand, dass Frickhardt in Rom Geld brauche, fand es die Stadtbehörde in Bern „unkommlich, das Geld söllichen fernen Weg zu führen" und besorgte ihm deshalb gegen hinlängliche Sicherheit einen auf 1000 Gulden lautenden Kreditbrief bei der grossen Gesellschaft in Ravensburg; denn man konnte, wie es scheint, ohne weiteres voraussetzen, dass dieselbe mit römischen Geldgrössen in Geschäftsverbindung stehe[61]). Ebenso verkehrte die Gesellschaft mit Siena, wo bekanntlich grosse Bankiers sassen. Ulrich Fry von Konstanz hatte als „Diener (d. h. Agent, Faktor) Josen und Ital der Humpiss und ir gemainen Gesellschaft" eine Schuldforderung gegen „Etliche von Seynis" (Siena) und lud sie deshalb vor das päpstliche Gericht. Auf seine Bitte legten Bürgermeister und Rat von Konstanz Fürsprache bei Papst Pius II. ein, dass er dem Fry und seiner Gesellschaft zu ihrem Recht verhelfe[62]).

---

[60]) Urk. im Anh. Nr. III.

[61]) Die Urkunde drückt dies so aus, Frickhardt solle das Geld erheben können bei denen, welche der Gesellschaft „daselbst (in Rom) mit Gewerben gewandt und kund sind". Sie steht im Schweizerischen Geschichtsforscher 5, 472.

[62]) Konstanzer Missivbuch vom J. 1463. Urk. datiert: Peter und Paul.

d) Unteritalien.

Ladislaus Suntheim bezeugt ferner, dass die Ravensburger Gesellschaft in das Königreich „Appels (d. h. Neapel) gehandthiert" habe. Man hat keinen Grund, dies zu bezweifeln, doch fehlt es mir bis jetzt an urkundlichen Belegen, welche dies unzweideutig darthäten. Möglicherweise liegt ein solcher vor in zwei Berner Briefen, welche aber eine andere Deutung zulassen. Die Stadt Bern verwandte sich nämlich wiederholt (6. Dezember 1474 und 8. März 1475)[63]) bei dem König Ludwig XI. von Frankreich für Ravensburger Kaufleute, von denen mehrere in Bern zu Hause und bürgerlich seien, d. h. für die grosse Ravensburger Kaufmannsgesellschaft, bei welcher auch Bürger von Bern beteiligt waren. Güter im Wert von über 2600 rheinischen Gulden waren dieser Gesellschaft geraubt worden durch französische Schiffskapitäne, unter welchen ein „Columb de Honflor ex ducatu Normandiae" eine hervorragende Rolle spielte. Mit ihrer Bitte um Bestrafung der Thäter und um volle Entschädigung der Betroffenen hätte sich die Stadt Bern selbst dann an den französischen König unmittelbar wenden können, wenn die Thäter Unterthanen desselben gewesen wären, die auf eigene Hand Seeräuberei trieben, aber es waren sogar in diesem Fall vom König angestellte Schiffskapitäne, und jener „Columb de Honflor" ist kein anderer als der in Honfleur stationierte **Guillaume de Casenove**, welcher den Beinamen **Coullon** (Colon) führte [64]). Wo es galt, seefahrenden Nationen, in welchen Ludwig XI. Gegner sah, Schaden zuzufügen, da wurde dieser gefürchtete Gascogner mit seiner Flottille ausgesandt, und nicht selten hatten auch Unschuldige unter seinen Kapereien zu leiden, in welchem Falle manchmal die Herausgabe des Geraubten

---

[63]) Urkunden im Anh. Nr. VIII und IX.

[64]) Ueber diesen Seemann, welcher von einigen mit Cristoforo Colombo verwechselt worden ist, vgl. das Werk: Harrisse, les Colombo de France et d'Italie, fameux marins du XV siècle. Paris, libr. Tross 1874. Seine Piratenzüge fallen in die Jahre 1469 bis 1479; gestorben ist er im Jahr 1482 oder 1483.

verfügt wurde. Als Ort der Beraubung nun bezeichnen die beiden Briefe ziemlich unbestimmt die Gewässer in der Nähe des Königreichs Neapel. Man könnte annehmen, Agenten der Ravensburger Gesellschaft haben in Unteritalien Waren gekauft und an Bord von Schiffen gebracht, die den Weg nordwärts an der Küste hin etwa nach Genua einschlugen; sie seien aber noch nicht weit über das Neapolitanische hinaus gewesen, so habe sie Coullon überfallen. Wollte man gegen diese Auffassung einwenden, es sei von einer Expedition des Coullon in diese Gegenden nichts bekannt, so läge die Entgegnung nahe, dass man nach Lage des Quellenmaterials geradezu alle Fahrten dieses rührigen Flottenführers nicht zu überschauen vermöge. Aber es fragt sich, ob wir nicht den an der Ravensburger Gesellschaft verübten Seeraub mit einer der bekannten Expeditionen Coullons zu kombinieren haben. Bekannter ist keine geworden als die folgende[65]). Am 1. Oktober 1474 wurden in dem Hafen Vivero an der Nordküste Galiciens zwei Galeassen des Königs Ferrante von Neapel und mit ihnen Waren neapolitanischer, genuesischer und florentinischer Kaufleute von Coullon gekapert. Sie befanden sich auf der Rückfahrt von den Niederlanden und von England her, wie daraus zu schliessen ist, dass als Vorwand für die Plünderung die Behauptung dienen musste, diese Schiffe haben in das Gebiet des Herzogs von Burgund und nach England Lebensmittel geliefert und damit den Feinden Ludwigs XI. Vorschub geleistet. Nachher liefen bei diesem König zwei Briefe ein, welche über die Kaperei Klage führten: am 26. Januar 1475 einer von seiten König Ferrantes (geschrieben Foggia den 8. Dezember 1474), dann jedenfalls vor April 1475 einer von der Stadt Florenz[66]). Wie schön würden sich hieran der Zeit nach die zwei Beschwerdebriefe der Stadt Bern vom 6. Dezember 1474 und vom 8. März 1475 anschliessen! Sie betreffen wahrscheinlich kein anderes Ereignis als eben das, dessen Schauplatz der galicische Hafen Vivero

---

[65]) Harrisse behandelt sie besonders genau a. a. O. S. 1—3. 15—17.
[66]) Harrisse S. 3. 83—85.

war. Wäre es dem Berner Magistrat zu verdenken, wenn er diesen unbekannten Seeplatz in die Nähe der neapolitanischen Küste rückte? Lag hier nicht eine Verwechslung vor in der Weise, dass die Berner den Thatort bei Neapel suchen, während es vielmehr neapolitanische Schiffe waren, auf welchen der Korsar das Ravensburger Kaufmannsgut traf? So gut als florentinische und genuesische Kaufleute damals die Galeassen Ferrantes zum Transport ihrer Waren benutzten, so gut konnten das Ravensburger, bei denen Handelsreisen in Gemeinschaft mit Genuesen wohl nicht zu den Seltenheiten gehörten. Als Reiseziel jener Galeassen müssen wir neben England die Niederlande annehmen: wir werden aber noch sehen, dass der Huntpissgesellschaft die Niederlande keineswegs fremd waren; könnte es uns wunder nehmen, Leuten von dieser Gesellschaft auf einer Seefahrt von Italien nach den Niederlanden oder umgekehrt zu begegnen? So angesehen, würden die zwei Berner Briefe allerdings nicht als Beleg für den Verkehr der Gesellschaft mit dem Königreich Neapel gelten können, da nur vorübergehende Benutzung neapolitanischer Schiffe für den Transit vorläge.

e) Spanien.

Es hat sich bei Mailand gezeigt, wie die Konstanzer der Ravensburger Gesellschaft die Wege bereiteten. Noch deutlicher stellt sich dies in Spanien heraus, weil gerade solche Konstanzer Häuser, die in der Folge mit den Huntpiss nahe Verwandtschafts- oder Geschäftsverbindungen eingingen, in jenem Lande vor ihnen Handelsgeschäfte trieben. Schon im Jahr 1408 hören wir ja von Liutfried Muntprat aus Konstanz, dass er Ballen mit Leinwand oder Barchent einem katalanischen Schiff übergeben hatte, welches nachher in Feindeshand fiel[67]). Die Muntprat waren aber, wie schon erwähnt, mit den Huntpiss nahe verwandt. Aus einer Urkunde des Jahrs 1410 geht ferner hervor, dass das Konstanzer Gross-

---

[67]) Zeitschrift für die Gesch. des Oberrheins 4. 42.

händlerhaus Im Steinhus in Barcelona ein Zweiggeschäft unterhielt, welchem einer der Familienangehörigen vorstand [68]). Dieses Haus beteiligte sich aber später an der grossen Ravensburger Gesellschaft. Durch das Beispiel dieser Konstanzer Grosshändler war sicher ein gewisser Jakob von Ueberlingen veranlasst worden, nach Barcelona zu gehen, wo er aber bei seinem Korallenhandel nicht viel erübrigt zu haben scheint [69]). Wir haben ihn als einen einzelnen Versprengten anzusehen, da sonst von Ueberlingen aus in so früher Zeit keine Handelsreisen in die Ferne unternommen worden zu sein scheinen.

Wohl aber trat die Ravensburger Kaufmannschaft frühe in die Fussstapfen der Konstanzer auch in Spanien. Die spanische Quelle, welche die erste Nachricht hiervon gibt, weiss freilich nichts von Ravensburg: nach ihr wäre die Compagnie des Jos Huntpiss ein Verein von Konstanzern gewesen. Diese erste Quelle ist das Einnahmeregister desjenigen Zollamts in Barcelona, welches von den Kaufleuten aus Deutschland und aus Savoyen den Zoll zu erheben hatte, und führt den Titel: Libre dels drets dels Alemanys è Saboyenchs. Das Register umfasst eigentlich nur die 20 Jahre 1425—1445, wozu noch am Schluss einige bloss die Deutschen betreffenden Blätter aus den Jahren 1472 und 1473 kommen [70]). Hier kommt nun vom Jahr 1426 an zu wiederholten Malen Joushompis [71]) y Compañia vor, bei der ersten Erwähnung mit dem

---

[68]) Zeitschrift für die Gesch. des Oberrheins 4. 43 f.

[69]) Urk. vom Jahr 1383 ebenda N. F. Bd. 1 (1886) S. 113—115.

[70]) Auszüge daraus gab schon Ant. de Capmany, memorias historicas sobre la marina, commercio y artes de Barcelona T. IV. Apend. p. 18—22. Herr Dr. Konrad Häbler in Dresden, welcher unsere Kenntnisse im Gebiet der spanischen Geschichte schon so wesentlich bereichert hat, benutzte im Spätherbst vorigen Jahres einen kurzen Aufenthalt in Barcelona dazu, sich auf dem dortigen Archiv die Originalhandschrift vorlegen zu lassen, und hatte die grosse Freundlichkeit, mir Notizen über sie und aus ihr mitzuteilen, welche ich hier dankbar benutze.

[71]) So liest Capmany sowohl an dieser Stelle als in der Urkunde vom Jahr 1435, welche ich aus seinem Buch im Anhang Nr. I mitteile;

Beisatz de Constanza. Zu den Jahren 1441 und 1442 macht Capmany die Bemerkung, dass den Einträgen aus diesen Jahren zufolge von den Deutschen damals drei Compagnien den bedeutendsten und andauerndsten Verkehr mit Barcelona unterhielten: die des Huntpiss, die Johanns von Köln und die von Kaspar de Wat (Nat?)[72]. Bei der Durchsicht des Registers überzeugte sich Herr Häbler, dass überhaupt von allen Deutschen die Huntpissgesellschaft die meisten und wertvollsten Waren aus- oder einführte, somit die grössten Zollbeträge auf sie entfielen: die Compagnie des Johann von Köln kam ihr nahe, aber ohne sie zu erreichen. In Zahlen lässt sich das Verhältnis nicht ausdrücken, solange die Handschrift nicht gedruckt ist und wir dadurch in stand gesetzt werden, von jedem Jahr die Summe zu ziehen. Auch die Namen einzelner Agenten oder Faktoren der Gesellschaft lassen sich aus dem Register entnehmen: 1426 Joh. Folch und Christoph Spadeli (Spedeli). 1428 Gaspar Denat oder de Nat. welcher aber schon im Jahr 1429 eine eigene Gesellschaft gegründet zu haben scheint. 1436 Johann Franch. 1440 und folg. Pedro Cregua. Von mehreren der Genannten zeigt sich, dass sie vorher oder nachher auch in eigenem Namen Geschäfte trieben.

So spielten also unsere Ravensburger eine ziemlich bedeutende Rolle an dem ersten Handelsplatz Spaniens. Barcelona konnte sich zu jener Zeit kecklich mit Venedig und Genua messen. Hier fanden Grosshändler einen herrlichen Tauschmarkt; die Schiffe aller seefahrenden Nationen Europas liefen hier ein, um Kaufmannsgüter zu bringen und zu holen. Wir fragen billig: Welcher Schiffe mögen sich die Ravensburger für ihren Verkehr mit Barcelona und überhaupt mit Spanien vorzugsweise bedient haben? Hierbei erinnern wir uns, dass der Doge von Genua im Jahr 1417 den oberschwäbischen Städten gegenüber die Liberalität seiner Republik gerühmt

---

Häbler liest in dem Zollregister Joghompis. Ich wage nicht zu entscheiden, was richtig ist.
[72] Capmany T. IV. Apend. p. 21.

hatte. welche keinem Kaufmann aus dem Binnenlande es wehre. ihre Schiffe zu besteigen. In erster Linie vertrauten wohl die Ravensburger sich und ihre Waren genuesischen Schiffen an. Ein Beispiel davon aus dem Jahr 1466 wird uns später näher beschäftigen. Ein zweites aus dem Jahr 1492 möge hier Platz finden. Damals fuhr ein genuesisches Schiff, welches unter anderem Güter der Ravensburger Gesellschaft an Bord hatte. wahrscheinlich auf dem Rückweg aus Spanien an Nizza vorbei, wurde aber von einem nizzardischen Piraten erspäht und gekapert; der Luzerner Magistrat verwandte sich für die Gesellschaft bei der Herzogin von Savoyen. damit ihr das Geraubte wieder ausgefolgt werde [73]). Aber so geläufig dieser Weg über Genua den Ravensburgern wegen ihrer sonstigen Beziehungen zu der ligurischen Seestadt sein mochte. es war nicht ihr einziger, auch nicht einmal der nächste. An einen zweiten zu denken, veranlassen uns folgende Umstände. Aus dem Zollregister von Barcelona. welches uns vorhin beschäftigte. war zu ersehen, dass die deutschen Kaufleute. welche diese Stadt besuchten, an dasselbe Zollamt gewiesen waren wie die savoyischen, d. h. die aus der vereinigten Grafschaft Savoyen-Piemont kommenden. Diese an sich auffallende Zusammenkoppelung erklärt sich einerseits dadurch, dass die deutschen und die savoyischen Kaufleute unter denselben Bedingungen im Reiche Aragon zugelassen waren [74]), andererseits höchst wahrscheinlich auch dadurch. dass die Kaufleute aus (Süd-)Deutschland häufig mit denselben Schiffen ankamen wie die aus Savoyen-Piemont. Nun machten aber die letzteren, wenn sie sich nach Spanien einschiffen wollten, sicher nicht den Umweg über Genua. Ihnen lag vielmehr Nizza als Abfahrtshafen bequemer, überdies innerhalb des eigenen Landes. Diesen selben Hafen besuchten aber auch unsere Ravensburger. wenn sie nach Spanien reisten oder von da zurückkamen. Wir schliessen

---

[73]) Urk. im Anh. Nr. XIV.

[74]) Gemeinsamer Privilegienbrief vom 7. Januar 1420 bei Capmany T. IV, p. 215–218.

dies aus zwei Berichten über Seeräubereien, bei welchen Waren der Huntpissgesellschaft im Spiel waren. Im Jahr 1435 hatte der Stellvertreter des deutschen Konsuls in Barcelona — beide waren Spanier — dieser Gesellschaft und andern Deutschen Waren zu schicken. Er verlud sie auf ein nizzardisches Schiff; sie hätten also den Weg über Nizza gemacht, wären sie nicht gleich beim Beginn der Fahrt mit dem ganzen Schiffe von Mallorkanern gekapert worden [75]. Aehnliches ereignete sich im Jahr 1466. Ein deutscher Faktor, welcher die Huntpissgesellschaft vertrat, übergab Güter, die für die Gesellschaft bestimmt waren, einem Agenten gleichfalls deutscher Nation zur Besorgung; dieser bestieg in Tortosa an der Ebromündung mit den Waren ein florentinisches Schiff, dessen Ziel Nizza oder Villafranca war; diesmal bemächtigten sich genuesische Piraten des Schiffs, und so gerieten die Waren im Wege der Gewalt nach Savona, wo sie Heinrich Fry von Genua aus aufsuchte und ihre Freigebung bewirkte [76]. Beide Male wurden also Waren, die von Spanien nach Ravensburg gehen sollten, über Nizza instradiert. Man kann daraus schliessen, dass auch umgekehrt Mitglieder der Huntpissgesellschaft sich manchmal von ihrer Heimat aus über Piemont nach Nizza begaben und dort Schiffe zur Fahrt nach Spanien bestiegen.

Barcelona als die bedeutendste Seestadt Spaniens blieb wahrscheinlich das Hauptziel und die Hauptstation für die Ravensburger Gesellschaft, solange dieselbe überhaupt in Spanien Geschäfte machte. Noch die letzten Seiten des dortigen Zollregisters, welche die Jahre 1472 und 1473 begreifen, zeigen eine starke Beteiligung der Gesellschaft an dem Warenvertrieb im genannten Hafen. Aber dass dieselbe auch andere spanische Städte in den Kreis ihrer Handelsunternehmungen zog, ist unzweifelhaft. In welcher Weise und in welcher Zeitfolge diese Ausdehnung der Geschäfte vor sich ging, entzieht sich freilich durchaus unserer Kenntnis. Es scheinen damit

---

[75] Urk. im Anh. Nr. I.
[76] Urk. im Anh. Nr. V.

Bewegungen und Veränderungen im Schosse der Gesellschaft selbst in irgendwelchem Zusammenhang gestanden zu haben. Einerseits nämlich fanden Zerwürfnisse statt zwischen den Mötteli und den Huntpiss, infolge deren Rudolf Mötteli der ältere und seine Brüder eigene Geschäfte in Valencia, Saragossa und andern Städten gründeten [77]). Dies geschah um das Jahr 1455. Es kann mit dem jetzigen Quellenmaterial nicht entschieden werden, ob erst diese abtrünnigen Gesellschaften anfingen, neue Plätze in Spanien aufzusuchen, welche dann die Huntpiss später gleichfalls kultivierten, oder ob die Hauptgesellschaft sich schon vor Ausbruch des Konfliktes dort festgesetzt hatte und nun die Mötteli ihre Konkurrenzgeschäfte an denselben Orten aufthaten. Sicher ist, dass die Hauptgesellschaft das Feld behauptete. Aber wahrscheinlich weil sie das Handelsgebiet in seiner weiteren Ausdehnung, zumal gegenüber der neuen Konkurrenz, nicht mehr ganz zu beherrschen vermochte, errichtete sie aus ihrer Mitte eine Zweiggesellschaft mit dem Sitz in Valencia, an deren Spitze Friedrich Huntpiss trat, ein Mitglied des leitenden Hauses, dem Spanien nicht fremd war; denn er wird schon am 22. September 1433 in dem Zollregister von Barcelona genannt. Wir kennen ausser ihm nur die Konstanzer, welche bei der Zweiggesellschaft sich beteiligten — es waren Hans Blarer, Konrad Muntprat der ältere, Ludwig Muntprat, Hartmann Hiruss und Andreas Sattler — ferner zwei Faktoren Paulin Spick und Philipp Wisslant. Wir schöpfen dies aus einem Brief, welchen Bürgermeister und Rat von Konstanz am 2. Dezember 1466 an die „Regierer des Lands in Cattilony" richteten. Die neue Zweiggesellschaft hatte nämlich 8 Warenballen nach Mailand geschickt, damit sie durch den dort stationierten Faktor weiter

---

[77]) Aus der Zeit, da die genannten Mötteli „us der grossen Gesellschaft sich sunderten und einen sundrigen Gewerb inen fürgenommen hatten ze Valentz, ze Saragossa und an andern Enden", leitete Hans Mötteli einen Anspruch auf Entschädigung her, „da er ir Knecht und Diener gewesen by 14 Jaren", und machte diesen Anspruch beim Rat in Luzern geltend Mittwoch nach Invocavit 1469 laut Ratsprotokoll V. A. Fol. 152 (brieflich mitgeteilt von Herrn Archivar v. Liebenau).

nach Valencia expediert würden. Der Mailänder Faktor fügte
dazu noch weitere 30 Warenballen und übersandte alles dem
Agenten der Gesellschaft in Genua. Lodovico Centurione.
Dieser brachte die 38 Ballen auf ein genuesisches Schiff,
welches unter der Führung des Bartolommeo Taliani nach
Valencia abging. Aber auf der hohen See wurde das Schiff
von einer katalanischen Flotte überfallen, gekapert und nach
Barcelona abgeführt. Als die Nachricht nach Konstanz kam,
dass die Katalanen jene 38 Ballen nicht wieder herausgeben
wollten, wandten sich die obgenannten 6 Konstanzer Gesellschaftsmitglieder an ihren Magistrat und baten um seine
Verwendung für die Wiederherausgabe der Ballen, indem sie
ihr Eigentumsrecht auf alle, trotz der verschiedenen Zeichen,
eidlich erhärteten. Bürgermeister und Rat erfüllten ihre Bitte
eben durch das erwähnte Schreiben [78]).

Uebrigens war nur ein Teilgebiet des spanischen Ge-
schäfts, vielleicht bloss das Königreich Valencia, der Zweiggesellschaft überlassen worden, die Hauptgesellschaft waltete
fort im Königreich Aragon und fasste hier ausser der Seestadt Barcelona bald auch die Binnenstadt Saragossa ins
Auge, deren Verbindung mit dem Meer durch den Ebro ver-
mittelt wurde. An der Mündung dieses Stroms liegt Tortosa,
welches weniger für sich selbst, denn als Hafen von Saragossa
einige Bedeutung für den Handel hatte. Aus Saragossa den
Ebro herab mögen daher auch die Waren gekommen sein,
welche in den Jahren 1466 und 1515 für die Huntpissgesellschaft in Tortosa eingeschifft wurden, um dann, wie so oft
geschah, auf dem offenen Meer Freibeutern in die Hände zu
fallen [79]). Doch wir hören auch von solchen Waren, welche
unsere Ravensburger auf den Markt von Saragossa brachten.
Es liegt uns hier freilich bloss ein einzelner Fall vor, aus

---

[78]) Urk. im Anh. Nr. III.

[79]) Der erste dieser Seeraubfälle gab Anlass zum Einschreiten des
Faktors H. Fry in Genua, infolge des zweiten verwendeten sich Gesandte der schweizerischen Tagsatzung bei dem Gouverneur der Provence, welcher den Raub an sich gezogen hatte. Siehe die Urkunden
im Anh. Nr. V und XIX.

welchem wir keineswegs entnehmen können, welchen Weg dieselben gewöhnlich einschlugen, um zur Hauptstadt von Aragon zu gelangen. Ausserordentliche Umstände, welche vielleicht niemals in derselben Weise wiederkehrten, müssen damals den Jos Huntpiss und seine Gesellschaft veranlasst haben, nach Saragossa bestimmte Waren nicht über das Mittelmeer, sondern sei es zu Land durch Frankreich, sei es über die Niederlande und das Atlantische Meer nach Fuentarrabia, der Seestadt an der spanisch-französischen Grenze, zu instradieren, von wo sie die Bidassoa aufwärts und dann den Ebro abwärts weitertransportiert werden sollten. Aber sie waren nur eine kurze Strecke an dem kleinen Grenzfluss aufwärts gelangt, da bemächtigte sich ihrer der Kommandant des französischen Forts Sanpera (Saint-Pierre?) trotz der königlichen Geleitscheine, welche die Begleiter der Waren vorwiesen. Schultheiss und Rat von Bern verwandten sich damals (10. November 1474) bei König Ludwig XI. von Frankreich zu Gunsten der Gesellschaft[80]).

Wie es in Valencia weiterging, kann an der Hand von ein paar Namen berichtet werden. Von Friedrich Huntpiss und seiner Zweiggesellschaft ist nach 1466 nicht wieder die Rede. Sie scheint von kurzem Bestand gewesen zu sein. Wohl aber erscheint ein Name, dem wir in Verbindung mit ihr begegnet sind, später noch einmal und zwar auf dem letzten Blatt einer spanischen Inkunabel. Zwei der ältesten Buchdrucker in Valencia, ein Deutscher Namens Lambert Palmart und ein Spanier, hatten es gemeinsam unternommen, in den Jahren 1477 und 1478 eine Uebersetzung der Bibel ins Valencianische zu drucken; das Geld dazu spendete nach den Schlussworten des Drucks der „hochgeehrte Kaufmann daselbst, Philipp Wisslant aus Isny im hohen Alemannien"[81]). Nach diesem Isnyer scheint ein Jodokus Koler die Ravensburger Gesellschaft in Valencia vertreten zu haben. Der Nürnberger Arzt Hieronymus Münzer, welcher

---

[80]) Urk. im Anh. Nr. VII.
[81]) Urk. III im Anh., Anm. 4.

auf einer grösseren Reise⁸²) durch die iberische Halbinsel diese Stadt berührte (1494), charakterisiert ihn als supremus familiaris der grossen Gesellschaft aus Ravensburg: ihn selbst traf er nicht mehr am Leben, aber man erzählte, dass er ein Franziskanerkloster in der Nähe der Stadt gegründet habe. So erwarben sich zwei hervorragende Mitglieder der Huntpissgesellschaft ein Verdienst um die Stadt Valencia durch fromme Stiftungen, welche zugleich zeigen, über was für reiche Mittel diese Compagnie verfügte. In anderer Weise bekam dies der eben genannte Nürnberger Reisende selbst zu verspüren, indem die Ravensburger, welche er in Valencia traf, ihn und seine Gefährten fein bewirteten und mit schönen Kleidern beschenkten. Es waren Heinrich Sporer und Konrad Humpis. Schon der Name des letzteren bürgt dafür, dass wir hier Gesellschaftsgenossen vor uns haben. Als Münzer von dort weiter ging in die vielbesuchte Hafenstadt Alicante, fand er da die beste Aufnahme bei einem Kemptener, Jodokus Schedler, welcher seit vielen Jahren die Geschäfte der Ravensburger Gesellschaft an diesem Platz leitete. Schedler rühmte ihm den ausserordentlichen Reichtum der Umgegend an Produkten, mit welchen die vielen fremden Schiffe im Hafen sich befrachteten. In Barcelona, das Münzer auf derselben Reise berührte, traf er gleichfalls deutsche Kaufleute und zwar, wie aus ihrem fast fürstlichen Aufwand zu schliessen, in der glänzendsten Lebenslage. Aber ob sie in irgend einer Verbindung mit der Ravensburger Gesellschaft standen, erfahren wir nicht: ihre Heimatorte Augsburg, Mergentheim, Ulm weisen nicht gerade mit Wahrscheinlichkeit darauf hin. Jedenfalls darf das Schweigen Münzers nicht dahin gedeutet werden, dass die Huntpissgesellschaft zu jener Zeit aufgehört hatte, mit Barcelona in geschäftlichen Beziehungen zu stehen.

Spanien beherbergte überhaupt damals viele Deutsche, nicht

---

⁸²) Die hierher gehörigen Stellen der Reisebeschreibung finden sich in den Abhandlungen der hist. Klasse der bayerischen Akademie Bd. 7 (1855), S. 296—298.

bloss Kaufleute, auch Drucker, Kriegsmänner, Kartographen, sogar Mönche. Zu dieser deutschen Kolonie stellten die Bodenseegegenden ein auffallend grosses Kontingent; Ravensburg speziell war nicht bloss durch die Leute der Huntpissgesellschaft vertreten, sondern z. B. in Valencia durch einen „Paschalis Buckli von Metelin" (1503), in Saragossa durch einen „Joannes Bucle Metelin" (1521), welcher sogar das Bürgerrecht in dieser Stadt erworben hatte [83]). In der sonderbaren und für jene Zeit ungewöhnlichen Doppelbezeichnung verkoppeln sich die Namen von zwei bekannten Ravensburger Geschlechtern Buckli und Möttelin. Beim zweiten dieser Namen erinnern wir uns, dass gerade in Valencia und Saragossa die Möttelin eigene Comptoirs gegründet hatten, nachdem sie sich von den Huntpiss getrennt. Haben wir etwa in den beiden Buckli-Möttelin Nachkommen dieser Abtrünnigen zu erkennen?

f) Die Niederlande.

Im Jahr 1488 stand ein Fähnlein Lindauer in den Niederlanden, um dem römischen König Maximilian seine Feinde bezwingen zu helfen. Ihr Hauptmann Neukomm schrieb [84]) aus dem Feld nach Hause unter anderem, er habe einen Fähnrich nach Antwerpen geschickt, weil sie Geld brauchen, und zwar sei dieser Fähnrich zu der Gesellschaft von Ravensburg gegangen: „Die will uns Geld leihen," fährt er wörtlich fort, „was wir bedürfen, wenn ihnen Noffel [85]) Humpiss schreibt."

---

83) Tagebuch des Lucas Rem im 26. Jahresbericht des hist. Kreisvereins für Schwaben und Neuburg (Augsburg 1861) S. 8, und Greiffs Noten dazu S. 84.

84) Der Brief scheint im Original verloren gegangen zu sein, aber eine sehr zuverlässige Lindauer Chronik (im dortigen Stadtarchiv) hat ihn aufgenommen.

85) Boulan, Lindau vor Altem und jetzt S. 291, wo diese Stelle aus dem Brief abgedruckt ist, las „Nessel"; meine Vermutung, es werde „Noffel" zu lesen sein, bestätigt ein Brief des Herrn Pfarrers und Stadtarchivars Reinwald in Lindau, welcher die Chronik für mich einzusehen die Güte hatte. Dies stimmt mit dem „Nophilus" einer bald näher zu erörternden Urkunde im deutschen Missivbuch auf dem Berner Staatsarchiv D, Fol. 188.

Noffel ist Koseform für den Namen Onofrius; ein Huntpiss dieses Namens stand aber damals bekanntlich an der Spitze der Gesellschaft und von ihm als dem Chef war eine Vollmacht zur Auszahlung erforderlich, wenn die Lindauer ihren Zweck erreichen wollten. Somit hatte die Ravensburger Gesellschaft eine Filiale in Antwerpen, welche Geld- und wahrscheinlich auch Warengeschäfte machte. Es lässt sich die Frage aufwerfen, ob nicht auch in dieser oder jener andern von den blühenden niederländischen Handelsstädten ähnliche Filialen bestanden, z. B. in Gent oder Brügge. Es ist mir aber nicht gelungen, eine Spur davon aufzufinden. Nicht viel befriedigender fällt die Antwort auf die andere Frage aus, welche Wege die Ravensburger einzuschlagen pflegten, wenn sie nach den Niederlanden reisten. An Weihnachten 1473 überfiel ein Trupp Soldaten ein paar Knechte der Huntpissgesellschaft und nahm ihnen die Warenballen, welche sie nach Flandern bringen wollten. Da durch den bewaffneten Angriff ein Geleitbrief des Herzogs von Burgund verletzt war, forderte Bürgermeister und Rat von Bern, welche sich der Beraubten annahmen, den genannten Herzog auf, die Thäter zur Strafe zu ziehen und die Rückerstattung der Waren zu erwirken[56]). In dem Brief der Berner ist der Ort, wo die That geschah, durch den Namen Monsfalcunus bezeichnet. Hiermit ist wohl das im Argonner Wald nordwestlich von Verdun gelegene Montfaucon gemeint. Es wäre Vermessenheit, hieraus den ganzen Weg zu konstruieren, den die Waren von Ravensburg bis dahin machten und weiter hätten machen sollen.

g) Deutschland.

Wie weit sich die Beziehungen der Huntpiss innerhalb Deutschlands erstreckten, darüber ist noch wenig bekannt. Mit **Ulmer** Kaufmannshäusern bestand, wie es scheint, eine engere Geschäftsverbindung und zwar mit den Besserern, welche sich, wie wir wissen, auch nach Ravensburg und Kon-

---

[56]) Urk. im Anh. Nr. VI.

stanz verzweigten, mit den Ungeltern, Ehingern und Mörlin. Zwei miteinander associierte Ulmer, Johann Besserer und Nikolaus Ungelter, machten schon im Jahr 1426 gemeinsame Geschäfte mit Jodokus Huntpiss und Ulrich Brock in Ravensburg[87]). Durch eine zeitweilige Krisis in der Huntpissgesellschaft wurden Jörg Ehinger und Rudolf und Hans Besserer in Zahlungsschwierigkeiten versetzt und gerieten darob in mehrjähriges Zerwürfnis mit der Stadtbehörde von Ulm, welche sich auf die Seite der Gläubiger stellte, bis endlich an Philippi und Jakobi 1458 der Bischof von Augsburg den Streit schlichtete[88]). Mit der Sicherheit des Warentransports war es auch im Donaugebiet nicht besser bestellt als anderwärts. Ganz besonders hatte die Huntpissgesellschaft zu klagen über den Ritter Wolf vom Stein zu Klingenstein (bei Herrlingen an der Blau), welcher mit Konrad Russ von Ulm und andern Spiessgesellen ihren Gütern auflauerte. Von der Gesellschaft zum Beistand angerufen, befehdete die Stadt Ravensburg den Herrn von Klingenstein, schlug ihn im Bunde mit andern Städtebürgern[89]) und zwang mehrere seiner Verbündeten, sich von ihm zu trennen und Friede zu halten (1458. 1460). Auch der Kaiser legte sich ins Mittel, befahl der Stadt Ulm, drei Ballen Leinwand, welche von Wolf vom Stein und Konrad Russ auf offener Strasse geraubt und nach Ulm geschleppt worden waren, der Gesellschaft von Ravensburg als der rechtmässigen Eigentümerin wieder zurückzustellen (8. August 1457) und sprach endlich die Acht über den widerspenstigen Ritter aus (28. Februar 1459)[90]).

In den grösseren Handelsstädten Augsburg und Nürnberg machte sich das Bedürfnis eines Anschlusses an eine fremde Handelsgesellschaft viel weniger fühlbar. Nur auf

---

[87]) Jäger, Ulm S. 673.
[88]) Jäger a. a. O. S. 674, und Mitteilungen des Herrn Rektor Pressel in Heilbronn aus den Papieren des Prälaten Schmid.
[89]) Baumann, Geschichte des Allgäus 2, 52.
[90]) Eben, Geschichte der Stadt Ravensburg 1, 248—251. Hafner, Geschichte von Ravensburg S. 366 f. Presselsche Mitteilungen aus Schmidschen Papieren (wie in Anmerkung 88).

auswärtigen Stationen kam es vor, dass einzelne Augsburger oder Nürnberger dem dort etablierten Zweig der Huntpissgesellschaft beitraten (siehe oben). Im übrigen beschränkte sich der Verkehr auf Geldgeschäfte. Als im Jahr 1479 die Stadt Bern Geld abzuzahlen beschloss, welches sie einigen Nürnberger Häusern schuldete, schickte sie Gold in bar nach Ravensburg an die Huntpissgesellschaft, damit diese durch Wechsel nach Nürnberg die Zahlung bereinige [91]). Dies setzt doch wohl voraus, dass die Gesellschaft mit Bankhäusern in Nürnberg Verbindungen pflog und man davon in Bern Kunde hatte.

Ob die Huntpiss noch zu entfernteren Teilen Deutschlands Beziehungen hatten, ist sehr zweifelhaft. Man erfährt zwar aus einer Pergamenturkunde des Ravensburger Archivs vom Jahr 1419, dass ein Lübecker, Hans Kess, damals den Jos und Eitel Huntpiss und ihrer „gemeinen Gesellschaft" 690 rheinische Gulden schuldete [92]). Wie aber und wo diese Schuld kontrahirt wurde, müsste man genau wissen, ehe man von Handelsbeziehungen zwischen unsern Ravensburgern und der Stadt Lübeck spräche. Im allgemeinen nahmen doch die Unternehmungen der ersteren viel mehr die Richtung nach dem Süden und Westen als nach dem Norden und Osten.

4. Gegenstände des Vertriebs.

Nicht weniger mannigfaltig als die Schauplätze ihres Wirkens waren die Gegenstände, mit welchen sich die Ravensburger Gesellschaft befasste. Es ist im allgemeinen anzunehmen, dass sie es sich hauptsächlich angelegen sein liess, die Erzeugnisse der oberschwäbischen Industrie dem Ausland zuzuführen. Nun fertigten aber die Oberschwaben sowohl in den Städten als auf dem Lande Zeuge aus Leinwand und aus Baumwolle in ganz besonderer Menge und Güte. Ein

---

[91]) Deutsches Missivenbuch im Berner Staatsarchiv D. Fol. 188.
[92]) Hafner. Geschichte von Ravensburg S. 264.

französischer Reisender, Pierre Loupvant, welcher im Jahr 1531 durch Ulm kam, weiss zu berichten, in ganz Europa mache man nicht so viel Barchent (futaines) wie in dieser Stadt[93]), und der Spanier Pero Tafur, der 100 Jahre früher Ulm berührte, freute sich damit die Heimat der Zeuge kennen zu lernen, welche in seinem Vaterland als fustanes d'Olmo verbreitet waren[94]). Auch kleine Städte, wie Biberach[95]) und Ravensburg[96]) selbst legten sich auf Barchent- und Leineweberei; sie wurden nur nicht so berühmt dadurch wie Ulm. Einen grossen Ruf hatten dann wieder die linnenen Gewebe der Konstanzer[97]), bekannt in Italien als tele di Costanza, in Spanien als lenceria de Constanza. Jener Zollschreiber von Barcelona, welcher mit den deutschen und savoyischen Kaufleuten zu thun hatte, verzeichnet unter den Einfuhrartikeln derselben Leinwand von Konstanz, Barchent und gebleichtes Garn aus Deutschland[98]). Leider liegt uns sein Register nicht im vollen Wortlaut vor, so dass wir bei jedem Kaufmann die Ware, die er ein- oder ausführte, und den Zoll, den er entrichtete, einzeln vermerkt fänden. In dem von Capmany gegebenen Auszug sind die Namen der Kaufleute und der Kaufmannscompagnien einerseits, die Warenkategorien andererseits je in eine Gruppe zusammengeordnet. Bei dieser Lage der Dinge ist es uns nicht möglich, den strengen Nachweis zu führen, dass gerade die Huntpissgesellschaft es war, welche bei der Ausfuhr unserer oberschwäbischen Textilwaren nach Spanien die Hauptrolle spielte. Doch vermögen wir wenigstens einen Spezialfall anzuführen, welcher zeigt, wie

---

93) Bibliothèque de l'école des chartes. T. 44 (1883), p. 263.
94) Tafur, andanças y viajes (Madr. 1874) p. 268.
95) Jäger, Ulm S. 635 ff.
96) Hafner, Geschichte von Ravensburg S. 134 ff. „Ravenspurger Lindwat" auf dem Konstanzer Markt s. Zeitschrift f. d. Geschichte des Oberrheins 9, 183.
97) Reiches Material zur Geschichte der Weberei in Konstanz gibt Mone an der eben citierten Stelle seiner Zeitschrift 9, 129—189.
98) Capmany T. 4. Apend. p. 18; vgl. auch p. 52 folgende Importartikel: Alemañas chiamadas Sangalas. Alamañas teñidas llamadas Costanza (zu den Jahren 1481 und 1564).

diese Gesellschaft linnene Zeuge⁹⁹) nach Saragossa zu bringen die Absicht hatte, was ja nur durch einen französischen Befehlshaber zufällig verhindert wurde. Als Rückfracht ging nachweislich 'spanische Wolle ¹⁰⁰) durch die Hände der Gesellschaft, welche dadurch den heimischen Webern ein feines Material verschaffte. Wahrscheinlich nahm sie auch Korallen (nach dem Beispiel jenes Jakob von Ueberlingen). Südfrüchte, Wein mit nach Hause. Im Verkehr mit Italien haben wir wohl als Ausfuhrartikel der Gesellschaft wieder die Textilwaren Oberschwabens anzusehen. aber auch die Ausbeute deutscher Bergwerke (Zinn. Kupfer) vertrieb sie in diesem Lande ¹⁰¹). Sie brachte dagegen zurück Alaun ¹⁰²). vielleicht auch Safran ¹⁰³) und. was wir ohne weiteres annehmen dürfen. sonstige Produkte des Südens.

Mit dem Warengeschäft ging bei der Huntpissgesellschaft das Geldgeschäft Hand in Hand. Ihrer Vermittlung bediente sich die Stadt Bern, mochte sie in Nürnberg oder in Rom Zahlungen zu machen haben: an ihre Filialbank in Antwerpen wandte sich in Geldnöten ein in den Niederlanden stehendes Fähnlein Lindauer; mit den Geldgrössen in Siena gab es Verwicklungen, die zu einem Prozess führten. Man darf nur diese Thatsachen sich vergegenwärtigen, um zu begreifen, welch grosses Ansehen die Ravensburger Gesellschaft auch als Geldmacht genoss. wie weit hin ihr Kredit und ihre Verbindungen reichten.

5. Das Ende der Gesellschaft.

Eine eigentliche Geschichte der grossen Gesellschaft von Ravensburg lässt sich mit den bis jetzt eröffneten Quellen

⁹⁹) Lyni aliorumque panni generum mercancias. Urk. im Anh. Nr. VII.
¹⁰⁰) Urk. im Anh. Nr. XIX.
¹⁰¹) Urkunden im Anh. Nr. XV. XXI.
¹⁰²) Urk. im Anh. Nr. IV.
¹⁰³) Croci fardella. Urk. im Anh. Nr. VI.

nicht schreiben, vielleicht überhaupt niemals. Um die ungewöhnliche Bedeutung zu erklären, welche sie erreichte, müsste man mehr von ihrer inneren Organisation wissen. Jedenfalls scheint die Thatkraft ihrer Vorstände, die Rührigkeit ihrer Faktoren und Agenten eine ganz ausserordentliche gewesen zu sein; die Geldmittel, schon vermöge des Reichtums der Hauptbeteiligten sehr bedeutend, schwollen durch die Einlagen zahlreicher stiller Teilhaber immer mehr an [104]). An Freunden und Gönnern fehlte es nicht. Die Stadt Ravensburg selbst hatte zwar nicht so viel Macht und Autorität, um zu Gunsten der Gesellschaft fernhin wirken zu können, aber sie leistete ihr doch im engeren Kreise Vorschub und führte, um ihren Warenzügen die Wege zu ebnen, Fehden mit Raubrittern. Wirksamere Hilfe wurde der Gesellschaft zu wiederholten Malen durch die Städte Konstanz, Luzern, Bern und durch die schweizerische Tagsatzung zu teil. Konstanz wahrte das Interesse des Kerns seiner Bürgerschaft, indem es die Gesellschaft nach aussen kräftig vertrat; überdies sahen sich die Konstanzer und die Ravensburger als Bundesgenossen an, indem beide Gemeinwesen dem Bund der Bodenseestädte angehörten, und Konstanz führte lange Zeit die Vorortschaft in diesem Bunde. Was die Schweizer betrifft, so halfen sie ja ebenfalls den eigenen Landsleuten, wenn sie die Gesellschaft unterstützten, und sie zahlten damit ausserdem einen Tribut des Dankes ab; denn viele Ravensburger hatten als Freiwillige am Kampfe der Eidgenossen gegen Karl den Kühnen teilgenommen [105]). Aber so wirksam die Für-

---

[104]) Primbs in seinem Aufsatz: „Der Möttelihandel" in den Schriften des Vereins für Geschichte des Bodensees H. 13 (1880) kommt auch auf die Huntpissgesellschaft zu sprechen und sagt, einer mir nicht zugänglichen Quelle folgend, S. 136, sie habe sich alljährlich in Ravensburg versammelt, und da habe sich im Jahr 1431 gefunden, dass ein Kapital von 300000, ein Gewinn von 100000 Gulden vorhanden war. Zu Ende des 15. Jahrhunderts sollen Jos., Frick, Kaspar und Onofrius Huntpiss 131000 Gulden, der reiche Mattelin (Mötteli) mit Bruder und Schwester 150000 Gulden versteuert haben (Gutermann im Serapeum Jahrg. 6. 1845, S. 263). Ich gebe diese beiden Nachrichten nur mit Vorbehalt.

[105]) Berner Briefe im Anh. Nr. VII. VIII.

sprache dieser Mächte sein mochte, sie heilte doch nur vorübergehende Schäden oder beschwor von aussen drohende Stürme. Es kamen auch innere Krisen, bei denen die Gesellschaft darauf angewiesen war, sich selbst zu helfen. Hierunter gehört die Secession eines Teils der Mötteli. Ueber ihre Ursachen ist lediglich nichts bekannt. Dann finanzielle Verlegenheiten der Gesellschaft, in welche auch Ulmer Häuser, wie wir sahen, mit hineingezogen wurden. Beides, jene Secession und diese Geldkrisis, fiel ungefähr in dieselbe Zeit und stand wahrscheinlich in einem Kausalzusammenhang. Die Gesellschaft ging siegreich daraus hervor, ja ihre Hauptblütezeit folgte erst nach dieser kritischen Periode. Aber schon gegen das Ende des 15. Jahrhunderts melden sich die Vorzeichen des Verfalls an; sie mehren sich in den ersten Jahrzehnten des 16. Was oben über die letzten Begegnisse der Gesellschaft im mailändischen Gebiete erzählt ist, lässt deutlich erkennen, dass es mit ihr abwärts ging. Hierzu kommt nun eine Stelle in einer Luzerner Familienurkunde. Dem öfters erwähnten Jakob von Hertenstein hatte seine Frau Anna Mangolt von Sandegg unter anderem 1400 Gulden Kapital beigebracht, welche bei der Huntpissgesellschaft angelegt waren. Als nun diese Frau gestorben und ihr Sohn Leodegar volljährig geworden, setzte sich der Vater mit dem letzteren am 11. Februar 1527 über das mütterliche Vermögen auseinander [106]). Jene 1400 Gulden wurden dem Sohne zugeschieden. Auch über die Zinsen daraus wurden Bestimmungen getroffen; dabei hört man aber, gegenwärtig werfe jene Einlage keinen Zins ab. Es war also damals so weit gekommen, dass die Gesellschaft ohne Nutzen arbeitete. Wie dies herbeigeführt wurde, ob durch das Emporkommen grösserer Handelsgesellschaften, mit welchen man nicht mehr konkurrieren konnte, oder durch den mit der Entdeckung Amerikas zusammenhängenden Umschwung im kommerziellen

---

106) Herr Archivar Th. v. Liebenau hat mir die hierher gehörige Stelle des Teilungsbriefs gütigst mitgeteilt: das Hertensteinische Familienarchiv bildet jetzt einen Bestandteil des Stadtarchivs Luzern.

Leben, oder endlich durch beginnende Lässigkeit in der Leitung, indem die Huntpiss ihre Thätigkeit mehr ihren grossen Landgütern zuzuwenden anfingen als den Handelsinteressen der Gesellschaft — das lässt sich jetzt nicht mehr entscheiden. In welchem Jahr die Gesellschaft sich auflöste, ist nicht bekannt. Eine sonst zuverlässige Lindauer Quelle[107]) nennt das Jahr 1523, aber dies stimmt nicht mit dem Luzerner Teilungsbrief vom Jahr 1527, welcher noch das Bestehen der Gesellschaft voraussetzt. Hätte im Jahr 1523 eine Liquidierung der Gesellschaft stattgefunden, so wäre damals die Kapitaleinlage den Erben der Frau von Hertenstein hinausgezahlt worden, oder sie wäre im Fall der Zahlungsunfähigkeit verloren gewesen. Sie lag aber noch bei der Gesellschaft und warf nur keinen Zins mehr ab. Somit dürfte die Annahme richtiger sein, dass die Auflösung der Gesellschaft um 1530 erfolgt sei.

[107]) Geschlechterregister im dortigen Spitalarchiv und zwar in der Einleitung zur Familie Huntpiss — so nach einer brieflichen Mitteilung des Herrn Pfarrers Reinwald.

Anhang.

A. Urkunden, betreffend den Verkehr der Gesellschaft mit dem Ausland.

I.

1435, September 2. Schreiben des Magistrats von Barcelona an den Statthalter und die Geschworenen des Königreichs Mallorka wegen geraubten Guts der Huntpissgesellschaft.

Als molt honorables, è molt savis Senyors lo Governador è los Jurats del Regne de Mallorques. Molt honorables è molt savis Senyors: Ab desplaér è ab enuig molt grans vos notificám la gran sobrería feta per la vostra galéa, la qual essent en vista de nostres mars ha donada caça á una nau de Nissárds, la qual partía d'açí carregada, afermant lo patró de la dita vostra galéa que lo carrech ere de Janoveses: è presa per ell la dita nau, la s'en ha menada à Mallorques. E com ab tota veritat, Senyors molt honorables, lo carrech de la dita nau no sie de Janoveses, ans sie bé de Alamanys, è especialment de la Companyía de Joushompis, è cessant tota salvateria les robes se sien açí espatxades per en Johan ses Avases loctinent del honorable Raphel Ferrér Cónsol lur; è açó sería un cas molt greu è preparatori à tot mal, al qual per totes forçes deu, esser obviat, attés lo temps que tením.

Per çó, molt honorables è molt savis Senyors, vostres grans savieses pregám ab la major afecció que podém, queus placie prestament provehír, que la dita nau ab tot son carrech torn prestament á aquesta Ciutat, car nosaltres hauréiu açí notables é bastans fermançes, les quals assegureran de donar è liurar totes è sengles robes, les quals sien de bona guerra è fossen de Janoveses, è axis fará sens tot dubte, è confiatsne en Nosaltres; è tengueus, molt honorables è molt savis Senyors, la Santa Trinitat en sa guarda, rescrivints, nos ab tota confianssa de tot quant puxám fer per vosaltres è per lo Regné, quius torn en plér è honor.

Escrita en Barcelona à dos de Septembre del any MCCCCXXXV.

Los Consellers de Barcelona à vostra honor apparellats.

Aus: Capmany, memorias historicas de la marina .... de Barcelona. T. 2. p. 224 f.

II.

1447, November 20. Geleitsbrief für Heinrich Fry, den Faktor des Jos Huntpiss, ausgestellt von Francesco Sforza.

Franciscus Fortia (sic) Vicecomes etc. Provido et discreto viro Henrico Francho de Constantia, factori nobilis viri Josumpis mercatoris Alamani, ex quovis loco discedendî cum commitiva personarum quattuor famulorum, sociorum vel factorum prefati Josumpis, quibusvis nominibus nuncupatorum, seu alteri quovis nomine nuncupato, nuncio vel factori prefati Henrici factoris vel Josumpis cum commitiva, ut supra, et accedendi tam conjunctim quam divisim Papiam, Cremonam, et de Cremona Parmam et de Parma ad Casale majus, et portandi omne genus mercium cujuscunque qualitatis et quantitatis usque ad numerum salmarum quattuor tantum, tam per terram quam per aquam, navibus, barchis et nautis opportunis, ac plaustris, bobus et bubulcis seu caraterijs opportunis et in dictis locis nostris seu ipsorum altero standi, morandi, pernoctandi, emendi, vendendi, mercandi, et quicquid voluerit exercendi semel et pluries et quotiens sibi videbitur et placebit; indeque redeundi cum dictis navibus, plaustris, nautis et caraterijs prefatis ac mercibus usque ad numerum salmarum quattuor ut supra, pro vice qualibet, qua ex aliquo dictorum locorum discesserit, ita tamen quod ad Casale Majus nec aliam terram vel locum hostilem possit deferre seu deferri facere aliquod genus mercium et victualium seu grassie et armorum, tute et impune etc. Salvum conductum etc. valiturum anno uno.

Ex Placentia XX^a Novembris 1447.

<small>Archivio di Stato di Milano. Registro ducale Nr. 85, Fol. 138.</small>

III.

1466, Dezember 2. Bürgermeister und Rat von Konstanz an die Gebieter in Katalonien wegen eines Seeraubs zum Schaden der Gesellschaft von Friedrich Huntpiss.

Edeln vesten hochgelerten achtbaren fursichtigen und wisen liben Herren und besundern gutten Frund! Unser willig Dienst und was wir guts vermugen, sye üch von uns zuvor mit gantzem Willen bereit! Lieben Herren und gutten Frund! Unser lieb Mitburger Hanns Blarer, Conrat Muntprat der elter, Ludwig Muntprat, Hartmann Hiruss und Andres Sattler, so in Friedrich Huntpiss Geselschafft sind, hand uns selbs fürbraucht und erzelt, wie das ir Fattor acht Ballen, die dann diss Zaichen[1], so sy by uns in unsern Landen pflegen ze bruchen, haben gehept, gen Mailand gesendt hab. Daselbs zu Mayland hab ir Fattor in gemainer Geselschafft Namen drissig Ballen mit allerlay war koufft und mit disem Zaichen[1], so sy ouch bruchint, betzaichnet und sölich acht

---

[1] Hier ein Zeichen, wie solche noch heute auf Warenballen zu sehen.

und drissig Ballen mit baiden vorbetüttnen Zaichen zaichnet,
so sy dann baide pflegen zu bruchen, gen Jenow irem Respondent
genant Ludwig Zentrioni gesandt, der dann sölich
Ballen in Namen Fridrich Humppiss und siner Geselschafft
ainem Schiftherren genant Bartholomee Taliany in das Kungrich
gen Velentz ze füren angelait, in dem sich begeben hab,
das sölich Schiff, darinne die XXXVIII Ballen sind gewesen,
von üwern Armad angefaren, gefangen und mit dem Gut gen
Persolone gefürt und behalten sye. Und besorgen, das sy
anders gegen uch und der Commun werdint dargeben durch
ir Respondent gehandelt haben, dann von in und irem Respondent
beschechen sy [2]), und umbe sölichs zur Underrichtung,
das sy in den Dingen anders nicht dann uffrechtlich und redlich
handelt habint und sölich gut ir aigen sye, so haben
sy alle funf vor uns in offem Rautte frylich liplich Aid zu
Got und den Hailigen mit uffgehepten Vingern gesworn, das
die vorgemelten acht und drissig Ballen mit den baiden
Zaichen gezaichnet inen und andern ir Mitgesellen in der
Geselschafft Friedrich Humppis köfft und gen Valentz ze
füren empfolhen und ihr aigen syen und das sy ouch sölich
baide Zaichen bruchen und sust kain böss geuärd durch
schierins willen [3]) noch sust in ander Weg damit gesucht noch
getriben haben. Und so sy nun sölichs mit iren Aiden confirmiert
und befestnet hand, syen wir genaigt in uff ir Fürbringen
Furdernusse zu bewisen, und umbe das, sundern
lieben Herren und gutten Frund, bitten wir uch all und jeden
besunder mit Ernst gar flissentlich daran zu sind und zu

---

[2]) Die Kaufleute fürchteten gegenüber den „Regierern von Catalonien"
und der Kommune Barcelona dargegeben, d. h. angeschuldigt
zu werden, dass sie durch ihren Respondenten anders gehandelt haben,
als in der That von ihnen und ihrem Respondenten geschehen sei. Diese
Erklärung verdanke ich der Güte meines früheren Amtsgenossen, des
Herrn Prof. H. Fischer in Tübingen.

[3]) Geuärd, Geverd, Gefährde = Arglist, dolus; ob in dem „Schierin"
ein Scheren, Chicanieren (etwa der Zollbehörde von Barcelona?) sich
birgt, muss ich mit Herrn Fischer dahingestellt sein lassen, da sprachliche
Schwierigkeiten entgegenstehen.

schaffen, damit der Geselschafft Fattor Paulin Spick und Philippen Wisslanden⁴) jezo by uch wonend sölich acht und drissig Ballen one Engeltnüsse oder Verhindrung widerkert und geantwúrt werden. und uch darinne gutwillig laussen vinden, als wir uns des zu uch gantz versechen. und das mit gantzem Willen um uch und die uwern in vast merern Sachen verdienen wüllen. Geben mit unser Statt Secret Insigel besigelt uff den andern Tag des Monats December Anno dni MCCCCLX sexto

Den Edeln vesten hochgelerten achtbaren und wisen den Regierern des Lands in Cattilony, unsern lieben Herrn und sundern gutten Frunden.

Burgermaister und Rautte der Statt Costentz.

Aus dem Konstanzer Missivbuch des Jahres 1466.

IV.

1466, Dezember 23. Genuesisch-deutscher Handelsvertrag, erwirkt durch Heinrich Fry.

Conventiones Allamanorum.

Magnificus et Illustris Dominus Sagramorus Vicecomes Ducalis in Janua vicegubernator et Magnificum Consilium

---

⁴) Am Schluss eines alten Drucks der spanischen (valencianischen) Bibelübersetzung des P. Bonifacio Ferrer stehen folgende Worte, welche hier nach den fast gleichlautenden Abschriften bei Franc. Mendez, typographia espanola T. 1. Madr. 1796. p. 63. und bei Villanueva, viage literario a las iglesias de España T. 4 (1806) p. 52 wiedergegeben sind, da die Inkunabel selbst bis auf ihre letzten Reste hinaus jetzt verloren zu sein scheint: Es stada empremptada en la ciutat de valencia a despeses del magnifich en philip vizlant mercader de la vila de jsne de alta Alemanya: per mestre Alfonso Fernandez de Cordova del regne de castella. e per mestre lambert palomar alamany mestre in arts: començada en lo mes de febrer del any mil quatrecens setanta set: e acabada lo mes de Març del any mil CCCCLXXVIII.

Dominorum Antianorum, in sufficienti numero congregatorum
et quorum nomina sunt haec
>Benedictus de Nigro Prior
>Nicolaus Italianus
>Franciscus Scalia
>Raphael de Auria
>Hieronimus de Montesoro
>Gabriel de Promontorio
>Obertus Folieta Notarius
>Jo. Bapt^a de Grimaldis
>Christophorus Cattaneus
>Hieronimus Gentilis,

perlecta supplicacione coram eis porrecta pro parte Alamannorum tenoris ut infra, et habito in ea re diligenti examine ac consultacione, et presertim super his, que ad comperas Sancti Georgij[5]) pertinere videbantur, et interposita ad hec omnia intelligenda opera atque medio nobilium et prestantium virorum domini Andree de Benigassio utriusque juris doctoris et domini Luce de Grimaldis legum doctoris, domini Baptiste Spinule quondam G. et Antonij de Caciana, qui diligenter, quid fieri posset atque deceret, et apud Magnificum officium S^{ti} Georgii et apud alios Magistratus perscruptati, demum quid invenissent retulerunt, ad unumquemque articolum petitionum in ipsa supplicatione contentarum ut infra, responderunt ac concesserunt et respondendum et concedendum fore decreverunt. Supplicationis propositionum tenor talis est:

Vobis Illustri et excelso domino domino ducali in Janua Locumtenenti et magnifico consilio dominorum antianorum Civitatis Janue exponitur per Enricum Franchum de Constantia nomine Alamanorum, quod ipsi Alamani semper desiderarunt in hac inclita civitate Janue ac districtu mercari ac negociari, verum propter turbationes, que superioribus annis ipsa[m] civitate[m] multipliciter vexarunt, ipsi merca-

---

5) Die Verwaltung und die Teilhaber der S. Georgenbank waren hiebei insofern interessiert, als dieser Bank die Revennen der Zollämter verpachtet waren.

tores Alamani justo timore ausi non sunt ad ipsam civitatem mercantias suas conducere, ac in ipsa civitate mansiones firmare. nunc autem. cum Dei benignitate civitas in bonum statum deducta sit et omnia in pace ac itinera a latronibus tuta sint. intendunt ad hanc civitatem accedere et ut sperant in ipsa civitate ac districtu brevi ita negociari. ut dominatio vestra intelligat ex ipsorum negotiationibus multum commodi et utilitatis conferri introytibus ac civibus hujus civitatis. Sed quia ipsi Alamani habent nonnullas conventiones, pacta. privilegia et immunitates cum hac inclita civitate, que aliquando fuerunt in dubium reflicate [sic] et propter vexationes collectorum introytuum comunis Janue non observate, et ipsi mercatores Alemani multipliciter sepius fuerunt molestati injuste ac indebite: idcirco suplicatur, quatenus prefata vestra dominatio dignetur confirmare dictas conventiones, pacta. privilegia et immunitates, ac mandare. ut per quemlibet magistratum Janue debeant inviolabiliter observari, ac ultra super infrascriptis providere et concedere, ut infra requiritur per ipsos Alamanos, ut sic ipsi Alamani. qui sua sponte volentes ad hanc civitatem mercandi causa accedere intendunt, etiam gratiis ac immunitatibus vestris ad id alliciantur. prout sperant esse intentionis prefate vestre dominationis.

Primo requiritur: quia ipsi Alamani nunquam fuerunt soliti solvere pro introitu rippe nisi tres denarios pro libra tam pro rebus per ipsos emptis quam per ipsos venditis aliis personis. tum a paucis annis citra molestantur collectoribus dicte rippe pro pluri; quod declaretur, Alamanos non teneri solvere pro dicta rippa nisi dumtaxat dictos denarios tres pro libra, prout soliti sunt solvere, tam pro rebus ac mercibus per ipsos emptis quam per ipsos venditis aliis personis, et quod ipsi Alamani nec illi quibus vendunt non possint pro pluri molestari.

2. Item quod ipsi Alamani in illis introitibus et maxime commerciis sive caratis. pro quibus alii extranei et forenses ac cives minus solverent quam ipsi Alamani. quod pari modo ipsi Alamani non tenerentur nec obligati sint solvere nisi

tantum quantum solverent vel obligati sunt solvere alii extranei et seu cives Januenses.

3. Item quia ipsis Alamanis solum concessum est, quod Alamani nichil solvant pro cambiis ab Alamania Januam vel e converso, pro cambiis vero aliorum locorum tenentur solvere ut Januenses, declaretur, quod pro aliquibus cambiis undecumque et pro quocumque loco factis seu fiendis nihil ab eis exigatur pro introitu dictorum cambiorum ac censarie, et ut tractentur pro dictis cambiis, prout tractantur de cambiis de Alamania Januam et e converso.

4. Item quod pro introitu pedagiorum non teneatur solvere nisi solum soldos quinque et denarios tres pro qualibet soma, prout soliti sunt solvere etiam pro rebus, que non essent conducte ex Alamania, sed ex quoqumque [sic] alio loco.

5. Item quod rauba ipsorum Alamanorum que conduceretur per terram in civitate Janue possit conduci ad domos ipsorum Alamanorum absque necessitate ipsas conducendi ad duganam civitatis Janue.

6. Item quod alia rauba ac some ipsorum Alamanorum et seu que conducerentur per ipsos Alamanos non debeant dislegari in dugana per collectores introytuum comunis Janue, sed in domibus ipsorum Alamanorum.

7. Item quod de rebus et mercibus quas dicti Alamani venderent in ripparia Janue extra civitatem Janue, ac tres potestacias[6]), non teneantur nec possint molestari ipsi Alamani pro introitu rippe.

8. Item quia saepe ipsi Alamani molestantur a collectoribus introytuum comunis Janue, et ipsorum rauba retinetur in dugana et ad portam pro introytibus, de quibus ipsi Alamani pretendunt se non esse obligatos, declaretur, quod prestita idoneam satisfacionem coram ipsorum consule de judicato solvendo debeant ipsi Alamani ac ipsorum rauba relaxari et liberari.

---

6) Die benachbarten Bezirke Voltri, Polcevera und Bisagno, welche von den ältesten Zeiten an zum Gebiet der Republik gehörten; vgl. Rezasco, Dizionario del linguaggio italiano storico ed amministrativo p. 815.

9. Item quia ipsi Alamani ex forma dictarum conventionum possunt navigare solvendo sicut cives, et contra formam dictarum conventionum nuper per magnificum Officium Comperarum S: Georgii videtur declaratum fuisse, quod pro aluminibus conductis per ipsum Enricum per mare ad civitatem Janue solvi debeant libre sex, soldi 16 et denarii octo pro centenario, et sic multu[m] plus quam solvant cives et etiam alii, ut provideatur quod tam circa dicta alumina quam circa alia de cetero conducenda per mare per Alamanos serventur dicte conventiones, nec Alamani teneantur solvere plus quam solvant cives, et sic etiam ipse Enricus pro dictis aluminibus non teneatur solvere plus quam solvant cives.

10. Item quod collectores introytuum non possint intrare in domos ipsorum mercatorum Alamanorum nec perquirere in domibus sine consensu consulis ipsorum Alamanorum.

11. Item quod ipsi Alamani possint receptari in civitate Janue per quoscumque cives et hospites civitatis Janue sine presentatione bulletarum[7]) et absque bulleta impune, non obstante quoqumque decreto vel proclamatione, que in contrarium contingeret fieri.

12. Item quod Alamani qui ceperint vel de cetero capient uxores Januenses sint immunes ac gaudeant immunitatibus ac franchixiis ipsis Alamanis concessis ac tractentur et tractari debeant sicut tractantur Lombardi capientes uxores Januenses sive in civitate Janue.

13. Item quia ipsis Alamanis comune Janue tenetur ac est obligatum vigore dictarum conventionum salvare ac deffendere bona ipsorum Alamanorum et curare, quod ipsis Alamanis de bonis spoliatis ac damnis illatis fiat restitutio integra, requiritur, ut per prefatam dominationem Janue provideatur, quod pro predictis attendendis prestetur cautio competens versus ipsos Alamanos in civitate Mediolani vel alia civitate extra Januam ac districtum.

Primum memores amicitie veteris Alamanorum ac consuetudinis eorum apud Januenses, in qua benevolentia semper

---

7) Aufenthaltskarten.

retenta est. et volentes in his. que honeste fieri possint, illis complacere. conventiones et privilegia ac concessiones quaslibet quandoqumque usque ad hanc diem illi concessas ac concessa approbaverunt atque confirmaverunt et firmas ac firma manere et servari debere voluerunt prout jacent.

Et primo ad articulum ubi dicitur: „et primo quia ipsi Alamani nunquam fuerunt soliti solvere pro introytu rippe nisi tres denarios prout infra" —

Respondetur et conceditur, quod pro quanto pertinet ad tempori [sic] preterita usque ad eam diem, qua mota est controversia de ipsa rippa per Anthonium de Cassina nunc collectorem, dicti Alamani molestari seu cogi non possint ad solvendum nisi denarios tres pro libra tam per venditiones quam emptiones prout requiritur. A die vero mote controversie per dictum Anthonium citra usque ad finem temporis, pro quo ipsa cabella rippe vendita est, quod est per totum annum proxime futurum, reserventur dicto Anthonio et aliis collectoribus jura sua. talia qualia sunt. pro futuro vero tempore. post finitum tempus illius venditionis. solvant Alamani prout supra per eos est requisitum et supra consessum.

Ad secundum articulum ubi dicitur: „Item quod ipsi Alamani in illis introytibus et maxime comerchiis sive caratis" etc.

Respondetur. quod serventur conventiones, nec posse requisitioni eorum assensum prebere, quia esset magna jactura reipublice, si aliquid innovaretur in facto comerchiorum: sed gaudeant Alamani beneficio suarum conventionum tales quales sunt. quod sufficere illis potest.

Ad tertium articulum ubi dicitur: „Item quia ipsis Alamanis solum concessum est. quod Alamani nichil solvant pro cambiis" etc.

Respondetur et conceditur. quod ultra cambia Alamanie. ipsi Alamani etiam sint immunes pro cambiis illis dumtaxat, que alicui ipsorum Alamanorum veneriut ad recipiendum in Janua ex Gebennis vel Lugdono[8]). dummodo jurent. ipsam

---

[8]) Die berühmten Messen von Genf und Lyon wurden von deutschen, speziell von schwäbischen Kaufleuten fleissig besucht: s. Sammlung der

monetam taliter cambii spectare ipsis Alamanis, quodque pecunie omnes talium cambiorum implicentur in civitate Janue convertanturque in emptione mercium et non aliter. et hec concessio locum habeat et initium post finitum tempus, quo cabella cambiorum nunc vendita est.

Ad quartum capitulum sive articulum ubi dicitur: quod pro introytu pedagiorum non tenentur solvere nisi solum solidos quinque et denarios tres —

Respondetur, nichil in hoc concedi posse aut variari propter ordine[m] pedagiorum, qui sine confusione mutari non posset.

Ad quintum articulum ubi dicitur: „Item quod cambia ipsorum Alamanorum que conduce[n]tur per terram ad civitatem Janue" — Et pari modo ad sextum ubi dicitur: „Item quod rauba et some ipsorum Alamanorum, et seu que conducentur per ipsos Alamanos" —

Respondetur ad utrumque et conceditur, quod ipsi Alamani conducere possint ad eorum domos ballas mercium suarum minutarum, obtenta tamen prius licentia a collectoribus comerchiorum, qui tamen obligati non sint dare eis dictam licentiam, nisi prius bullari fecerint dictas ballas et prestiti fuerint ad ipsis Alamanis, ad quos tales merces pertinebunt, idonei fidejussores, quod dicte balle non solventur aut disligabuntur nisi in presentia factorum comerchiorum et de licentia eorum. posteaquam solute fuerint sive disligate, si Alemani non remanserint de acordio cum comerchiaris de valore mercium, eo casu ipsi fidejussores teneantur . . . . . solvere comerchiis pro ipsis mercibus secundum taxationem valoris declarandam per ipsos comerchiarios vel saltem omnes ipsas merces reponi facere in doana Genue.

Ad septimum ubi dicitur: „Item quod de rebus et mercibus, quas dicti Alamani venderent in riparia Janue" —

Respondetur ac conceditur, quod ipsi Alamani non te-

älteren eidgenössischen Abschiede Bd. 3. S. 369. 415. 625. 643. 680; Bd. 2. Abteil. 1. S. 600. 609. Wechsel auf diesen Messen ausgestellt kursierten wie die Wechsel der Messen von Champagne.

neantur solvere gabellam rippe in . . . Janua pro mercibus vendendis ad minutum in districtu Janue, videlicet extra civitatem et tres podestacias, dummodo aliquis ipsorum in uno viagio vendere non possit merces nisi usque ad valorem librarum centum monete Janue.

Ad octavum articulum ubi dicitur: „Item quia sepe ipsi Alamani molestantur a collectoribus introytuum comunis Janue" —

Respondetur. non posse huic articulo assensum prebere propter ordines in jurisditione cabellarum factos, qui nequaquam possunt infringi.

Ad nonum ubi dicitur: „Item quod ipsi Alamani ex forma conventionum possunt navigare" —

Respondetur, non posse aliud concedi nisi sicut dictum est in responsione secundi articuli, videlicet quod serventur conventiones.

Ad decimum articulum ubi dicitur: „Item quod collectores introytuum non possint intrare in domos ipsorum mercatorum Alamanorum" —

Respondetur. non posse hoc concedi, quia esset omnino contra leges et ordines comerchiorum et aliarum cabellarum, nec quispiam gaudere hujusmodi privilegio quod petitur.

Ad decimumprimum ubi dicitur: „Item quod ipsi Alamani possint receptari in civitate Janue per quoscumque cives hospites" —

Respondetur et conceditur prout petitur, nisi esset suspitio pestis.

Ad duodecimum ubi dicitur: „Item quando Alamani, qui ceperint, vel de cetero capientes uxores Januenses sint immunes" —

Respondetur et conceditur, quod Alamani qui ceperint vel de cetero capiant uxores Januenses, in civitate Janue sint immunes et gaudeant immunitatibus et franchisiis quantum pro oneribus publicis, scilicet avariis, mutuis, impositionibus ac fochagiis [9] comunis Janue, exclusis per expressum

---

[9] Wohnsteuer, so genannt nach dem Herdfeuer (fuoco).

cabellis, et hoc usque in annos decem a die qua ipsos uxores ceperint, dummodo habitent in civitate Janue cum dicta familia usque ad dictum tempus decennii.

Ad decimum tertium articulum ubi dicitur: „Item quia ipsis Alamanis comune Janue tenetur et est obligatum" — Respondetur, hoc non posse concedi, quia ex hoc daretur forsitan materia multis male agendi.

Quas novas concessiones ac declarationes ipse magnificus et illustris Dominus Sagramorus vicecomes ducalis in Janua, vicegubernator magnificumque consilium Dominorum Antianorum durare voluerunt ac decreverunt usque duntaxat in decenium et non ultra, nisi aliter et de novo concederentur atque approbarentur: in quorum testimonium presentes novas concessiones fieri jusserunt nostrique sigilli magni consueti munimine roborari.

1467, die 12. Januarii.

Spectatum Officium Monete anni proxime superioris in pleno numero in sua camera congregatum. intellecto articulo, de quo fit mentio dicte immunitatis avariarum, mutuorum et seu fochagiorum comunis Janue concessa Alamanis. qui ceperint vel de cetero capient uxores Januenses, usque in decenium, prout in eo articulo continetur, examine inter sese habito, sub calculis omnibus albis affirmativam significantibus, ille immunitate consentit, prout in articulo continetur, exclusis tamen his, qui ante dictam concessionem sive immunitatem uxores cepissent, qui in eo statu et gradu remanere intelligantur, in quo erant ante dictam concessionem.

Der vorstehende Vertrag, auf dessen Spur mich Olivieri, Carte e cronache manoscritte per la storia Genovese esistenti nella biblioteca della r. Università ligure p. 75 sq., führte, scheint im Original nicht mehr vorhanden zu sein; eine Kopie von späterer Hand bildet einen Bestandteil des Miscellancodex C. V. 12 der Universitätsbibliothek Genua: Contractus varii. wo sie die Seiten 107—112 einnimmt. Cav. Corn. Desimoni war so freundlich, mir hiervon eine Abschrift zu besorgen.

V.

Ohne Jahr. Der Magistrat einer nicht genannten Stadt (?) verwendet sich bei den genuesischen Behörden, damit Heinrich Fry geraubtes Gut der Huntpissgesellschaft herausbekomme.

Illustri et excelse dominationi vestre et venerando consilio dominorum antianorum consilio .... civitatis Janue humiliter et devote supplicat Enricus Franchus mercator Alamannus moram tiahens in dicta vestra inclita civitate tamquam socius, factor et negociorum gestor societatis Alamannorum, que dicitur de Josumpis. exponens, quod hiis proximis diebus preteritis nobilis Benedictus de Auria et Julianus Corsus, patroni duarum navium. acceperunt quamdam navem patronizatam per quendam Guadagnum Venturam civem Florentinum, que recesserat de Tortoza pro navigando Niciam seu portam Vile Franche. in qua quidem navi repererunt certam quantitatem lanarum et certam quantitatem agninorum et datilorum, qui erant et sunt dicte societatis et onerate per quemdam Alamanum factorem dicte societatis in dictis partibus et conducebantur per quemdam conductorem Alamanum etiam repertum in dicta navi; habita igitur dicta noticia de predictis, dictus Enricus subito fuit loquutus tacito modo in Janua dicto Benedicto, quod vellet sibi restitui facere dictas merces Alamanorum amicorum comunis Janue. qui Benedictus de Auria patronus respondit eidem Enrico supplicanti largo modo, quod pro parte sua erat contentus illas merces et raubas restituere eidem Enrico. et hoc quia in mente sua est clarus et eidem constat. dictas lanas, res et merces esse Alamanorum. et illas libenter restitueret eidem Enrico; sed (quod?) dicta restitutio non est in potestate sua illas eidem restituere, quia navis dicti Juliani Corsi illam per vim conduxit Saonam [Savonam] preter et contra voluntatem illorum. qui erant parte dicti Benedicti in navi dicti Guadagni Venture.

Et dubitat ipse Enricus, ne forte dicte merces ipsius lambudentur vel pro aliqua parte consignentur dicto Juliano Corso, contra quem cum magna dificultate posset jus suum obtinere. Dignetur vestra illustris dominatio et vestrum venerandum consilium per literas vestre dominacionis mandare et comittere potestati, consilio et comuni Saone, quod eidem Enrico latori presentium restituantur, tradantur et libere consignentur dicte lane, res et merces libere et sine aliquo impedimento, et si pars aliqua esset lambudata. quod dicta lambudatio eidem restituatur, cum si aliter fieret, dictus Enricus esset spoliatus bonis suis et Alamani expoliati. qui semper fuerunt et sunt amici benevoli et conjuncti magnifici comuni Janue.

Cav. Cornelio Desimoni fand diese Urkunde in der Abteilung Diversorum des genuesischen Staatsarchivs und sandte mir davon gütigst eine eigenhändige Abschrift.

VI.

1474, Januar 24. Schultheiss und Rat von Bern fordern Herzog Karl den Kühnen von Burgund auf, der Ravensburger Gesellschaft geraubte Waren zurückzustellen.

Duci Burgundie.

Humilliter sese reconmendant, Illustrissime, potentissime atque excellentissime princeps, heros pre ceteris gratiosior. Venere ad nos flebiles lacrimosique planctus Mercatorum Societatis de Ravenspurg. id querulantes, scilicet cum proximis Nativitatis dominice festivitatibus ipsi nonnulla croci fardella juxta priscam consuetudinem in Flandric usque oras conducere studuerint, eisque quendam ex famulis suis adjunxerint. ipseque cum prefatis mercanciis ad terras Illustrissime d[ominationis] vestre haud longe a Monte falcuno venerit. subito

inopinoque impetu quidam armorum manipli in eundem sese
erexerint, prefata bona nullo superstite penitus derobando,
auferendo et more canum .. dentibus .... sevius lacerando:
nichil pensi habentes ipsius Illustrissime et metuendissime
d[ominationis] vestre salvum conductum, quo mercatores ipsi
muniebantur, hoc addito, quod ab ipsis mercatoribus vel suis
nichil in legem est commissum, quominus auxilio legis (ut ita
dixerimus) scilicet salvi conductus possent uti et gaudere, —
rem luctuosissimam et ipsis mercatoribus perpetua mestitudine
deplorandam. Quia autem more invicti inclitissimique principis, cujus interest efficanter in eos advertere, qui tale
tamquam insigne facinus patrare non verentur, patriarum dominiorumque vestrorum peragratio, etiamsi salvus conductus
concessus minime foret, libera patulaque semper fuit omnibus.
Nos autem pro observantia sincerissimi istius favoris in
ipsos mercatores, qui non nichi[l] comodi nobis ex frequenti
aditu suo contribuunt, continuati ipsos pro nostra vices familiaritate non tenui favore prosequimur. Que cum ita sint.
Illustrissimam, excellentissimam et metuendissimam d[ominationem] vestram humilli prece sedulius quo possumus hortando oramus: ut nos, qui inclitissime domus Burgundie
famuli semper fuimus et, quod rarum inter homines habetur,
constantissimi, contemplando clementer disponat, ut attentis
eis, que premittuntur, que ab omni juris tramite civilique
societate discrepant, ipsis mercatoribus sufficientem celerem et
gratiosam restitutionem promovere dignetur, ita ut pro ruina
et lamentabili ipsorum afflictione, ydonea ipsis indempnitas
contingat, ne salvoconductu Illustrissime d[ominationis] vestre
(prout par fuit) fidentes injuriosa contaminatione, quo in
fedacionem ejusdem salvi conductus inprimis redundat, spolium se perpessos deplorare et sic exules domum, patriam
uxores dulcesque liberos linquere perhennique infamia notari
perpetuo cogantur. Quo jure inclita illustrissimaque d[ominatio]
vestra inprimis ea, que justi principis sunt, observabit, nos
autem perpetue servitutis nexu colligatos efficiet, pro quibus
longe ad majora nos offerimus paratos, adjutore deo, qui
eandem illustrissimam d[ominationem] vestram foeliciter con-

servet. Datum ex urbe nostra Bernensi XXIIIj^a Januarii Anno etc. LXXIIIj°. Hoc bajulo responsum oramus. Vestre inclite illustrissimeque d[ominationis] deditissimi famuli Scultetus et consules urbis Bernensis. Illustrissimo. excellentissimo atque potentissimo principi et domino domino Karolo Burgundie etc. duci. domino nobis pre ceteris gratiosiori suisque consularibus.

Staatsarchiv Bern. Lateinisches Missivenbuch A, Fol. 244.

VII.

1474, November 10. Schultheiss und Rat von Bern verwenden sich für Jos Huntpiss und Genossen bei König Ludwig XI. von Frankreich.

Exhumiliter se se recommendant, Christianissime. serenissime et inclitissime Rex. heros longe omnium gratiosior. Venere ad nos Jodocus Humpis coeterique societatis Oppidi Ravenspurgensis participes, non tenui querela disserentes. quod. cum pridem in Fontarabia & Bristhgadia mercantias suas. videlicet lyni aliorumque panni generum conduci fecerint in Sarragossam deferendas, vectoresque ipsi citra semis leucae spatium Castello Sanperae applicuerint. illicque easdem mercantias in barcas reponi fecerint. venerit inopino agressu Dominus ejus loci Sanperae, qui se se Regiae Majestatis vestrae Capitaneum appellat. manu et vi mercantias suas, quas inimicas voluerat. rapiendo. distrahendo et suis usibus applicando. nonobstante quod uberes factae fuerint informationes. mercatores ipsos, quorum bona tractabantur. nulla in parte inimicos. immo Regiae Majestatis vestrae salvo conductu egregie munitos. hanc rem. quae praefatis mercatoribus ruinam accommodat non mediocrem. non possumus non compatientibus animis commemorari et eo plus. quo magis ipsi nobiscum hac tempestate in Ducis Burgundiae exterminium aspirent. Qua de re cogimur partes suas favorabiliter Regiae Majestati vestrae efficere commendatas, eamdem summo studio exhortantes, quatenus nos contemplando. quibus praefati mercatores ipsorumque Magistri Oppidi Ravenspurg hoc momento suis guerris in Burgundos annectuntur, praedictum Regiae Majestatis Capitaneum Dominum Sanperae inducat compellatque, ut praefatis mercatoribus mercantias suas nulla in parte comminutas restituat: erit id Regiae Majestatis vestrae decus non mediocre, maxime habito ad salvum conductum respectu, nobis autem beneficium gratissimum, quod pro facultatibus nostris uberrime conabimur obsequiosissimo affectu compensare. favente Altissimo, qui Regiam Majestatem vestram foelicia ad vota perducat.

Datum ex urbe nostra Bernensi. decimâ Novembris, anno septuagesimo quarto.

Vestrae Regiae Majestatis obsequentissimi famuli Scultetus et Consules urbis Bernensis.

Aus: Phil. de Commines, mémoires. Nouv. éd. p. Lenglet du Fresnoy. T. 3 (1747). Preuves p. 340.

VIII.

1474, Dezember 6. Schultheiss und Rat von Bern bitten den König Ludwig XI. von Frankreich, er möge seinen Vizeadmiral in Honfleur zur Herausgabe der den Ravensburgern geraubten Waren zwingen.

Regi Francie.

Humilliter sese reconmendant. Cristianissime. inclitissime et serenissime rex, heros longe omnium gratiosior. Amplectimur plurima benevolentia honorabiles nobis sincere dilectos amicos Burgimagistrum et conmunitatem oppidi Ravenspurgi suosque mercatores. quorum nonnulli e nostris limitibus traxerunt originem, tumque antiqua necessitudine nobis fraterno pene amore coheserunt, tumque hiis litibus in ducem Burgundie animoso pectore quottidie accurrunt, qua ex re favores nostros ipsis in re, ut hec est. quam narramus. justa impartiri ex debito cogimur. Sane percipimus quosdam R. M. vestre capitaneos et precipue Columb de Honflor ex ducatu Normandie nunc nuper suis cum complicibus in mercatores prefatos advertisse bonaque ipsorum, que mercantiarum nomen tenent, in mari ipso circa fines regi Neapolitano contigniores populavisse cistasque ibi pannis refertas laniasse. que res, etsi mercatoribus ipsis, quos nostrates censemus, multum afferat incomodi. majus tamen contumeliarum in Regiam M., cujus salvum conductum diutius optinuerunt, impiget, cujus in expiationem, ne ceteri pari malignitate inflati ad hec vel iniquiora assurgant. R. M. vestram humillima prece hortamur, quatenus in eundem, quem premisimus. capitaneum suosque complices tam efficacibus advertat remediis, que mercatoribus ipsis repentinam dampnorum suorum, quorum hic tabellarius uberiorem modum exprimere potest, restitutionem promoveat, et alios a similium ausu refrenet; nam satis certi sumus, quod mercantie rapte plus de duobus millibus et sexingentis florenis Reni important, qua in re, que pene nostra est, R. M. vestra nobis ex[hi]bebit singularis gratie donum, pro quo non minus ac rei nostre publice impenso nos censebimus perpetuo obligatos, adjutore Deo, qui R. M. vestram fecundissime preservet.

Datum ex urbe nostra Bernensi VI^a decembris. Anno LXXIIIj^o.

V. R. M. obsequentissimi famuli Scultetus et consules urbis Bernensis.

Cristianissimo, serenissimo et inclitissimo Heroi domino Ludowico, Francorum Regi. domino nobis longe omnium gratiosiori.

Staatsarchiv Bern. Lateinisches Missivenbuch A, Fol. 331.

IX.

1475, März 8. Schultheiss und Rat von Bern richten wiederholt an den König Ludwig XI. von Frankreich die im vorigen Schreiben enthaltene Bitte.

Regi Francie.

Humilliter sese recommendant. Cristianissime, serenissime et inclitissime rex, heros longe omnium gratiosior! Permoti justa compatientia pridem litteras nostras Regie M. in favorem mercatorum oppidi Ravenspurgi fecimus dari. Quibus complectebamur tanta injuria, calamitate et violentia per nonnullos capitaneos Majestatis vestre et impensius Columb de Honflor ex ducatu Normandie in mari ipso circa fines Regi Neapolitano propiores fuerint depopulati. Quippe qui regio salvo conductu freti nichil insidiarum sperantes omniaque, ut par fuit, tuta con[j]icientes in laqueos prede inopino deciderunt, unde factum est, ut insultu prefati capitanei suorumque complicum mercantie ipsorum exposite, laniate, rapte atque distracte fuerint, que tamen plus quam duorum millium et sexingentorum florenorum Reni valorem importabant, rem lugubrem et non modico fletu querulandam, que tanto uberiori nos afficit merore, quo singulariori favore mercatores ipsos suosque magistros Ravenspurgenses, qui in ducem Burgundie hostem nostrum communem dietim animoso cum pectore pergunt, amplectimur. Ne igitur facilitas venie incendium pariat delinquendi et aliis, quos alieni eris rapacitas infestat, via iniquitatis sue paratior reddatur, Majestatem vestram Regiam, quam pre cunctis veneramur, obsecramus, quatenus in eundem capitaneum tam efficaciter advertat, ut mercatores ipsi, quorum complures ortum e nostris traxere dicionibus nobisque burgensia devinciuntur, recompensum uberem ablatorum et que ex hiis orta sunt dampnorum nancisci queant. Cedet id regie M. vestre in ornamentum singulare, ut et nostrates sentiant claro, nichil esse regie M. carius, quam eos nos contemplando justis favoribus amplecti. pro quo rem nostram publicam, cui hoc specifice conducit, M. vestre Regie crebrius constituimus

obligatam. nos ad paria pronissimos offerentes. adjutore deo, qui R. M. vestram ad vota conservet.
Datum ex urbe nostra Bernensi VIIj^a Martii LXXV°.

Staatsarchiv Bern. Lateinisches Missivenbnch A. Fol. 344.

X.

1475, März 18. Bericht der Verwalter der herzoglichen Einkünfte in Mailand an Galeazzo Maria Sforza über ein Verlangen der Kaufleute von der grossen Compagnie.

Illustrissime domine noster! Per obedire a quanto ne scrive Vostra Illustrissima Signoria, havemo facto notare la minuta de la fidantia, che rechedeno li mercadanti alamani de la compagnia grande, la quale minuta mandiamo qui inclusa; et perchè Vostra Excellentia recorda, che se habia advertentia a salvare l'honore de quella. et che gli sia lo facto de loro mercadanti, et così de Vostra Sublimità. dicemo che se nuy intendessemo più oltra et sapessemo in que modo se potesse meglio satisfare a questo intento de Vostra Excellentia, lo faressimo cum ogni nostro ingenio. Vostra illustrissima Segnoria lo poterà fare ben examinare et disponere come gli parerà meglio, et quando gli intervenesse qualche respecto de stato. a questa parte Vostra Celsitudine gli farà havere debita consideratione. Loro mercadanti rechedeno termino de uno anno de contramando. perchè dicono che quasi continuamente haverano deli debitori a chi darano robe a credentia a termine de uno anno. et che mancho spatio non gli bastaria a dovere retrahere el suo. quando la fidantia havesse a cessare: et così circa questa parte Vostra Illustrissima Segnoria poterà disponere come gli piacerà. a la quale ne recommandiamo.

Ex Mediolano die XVIII Martij 1475.

Ejusdem Dominationis Vestre Fidelissimi Servitores Magistri Intratarum Vestrarum etiam cum recommendatione.

A tergo: Illustrissimo principi et excellentissimo domino nostro, domino duci Mediolani etc.

Archivio di stato di Milano. Commercio — stati esteri — Germania.

XI.

1475, März 22. Der Herzog Galeazzo Maria von Mailand erneuert den Freiheitsbrief für Jos Huntpiss und Genossen.

Dux Mediolani etc. Satis manifestum est, quod mercatores Alamani tam tempore illustrissimorum dominorum predecessorum nostrorum quam modernis temporibus, in hac dicione nostra tute et libere conversari et negociari ac commorari potuerint, quibus etiam plura privilegia per prefatos illustrissimos dominos predecessores nostros concessa, et subsequenter a nobis confirmata extiterunt, ad que nos referimus. Nec dubium est quin mercatores ipsi Alamani in eisdem conversatione et commertijs etiam impresentiarum et de cetero tute perseverare valeant, quando quidem ad communem commoditatem id dignoscitur cedere Nosque eorundem illustrissimorum dominorum predecessorum nostrorum vestigia libenter imitamur, quo fit, ut votis mercatorum ipsorum et presertim nobilis viri Jos Hundpis de Ravasburgo et sociorum eius de societate magna libenter annuere decreverimus, qui a nobis novam fidantiam possendi in dominio nostro tute conservari (sic) et commerciari requisiverunt, licet minime expediret: Harum igitur serie ex habundanti concedimus, impartimur et facimus eisdem Jos Hundpis et socijs suis mercatoribus Alamanis de societate magna habentibus et qui habuerint procuratorium ab ipso Jos Hundpis tanquam principali dicte

societatis magne, tutam et liberam fidantiam et securitatem veniendi, standi, morandi, conversandi. negociandi, et commerciandi in qualibet civitate. terra et loco ac qualibet parte dominij et territorij nostri. tam pro eorum personis quam mercantijs, rebus et bonis quibusvis; redeundique et discedendi pro eorum libito totiens quotiens voluerint die noctuque. et tam per terram quam per aquam tute libere et impune, ac omni molestia et impedimento reali sive personali quovismodo inferendo prorsus cessante. Reservatis tamen solutionibus datiorum nostrorum, quas juxta solitum et secundum declarationes, que pro mercatoribus Alamanis specialiter edite sunt. facere teneantur juxta solitum, et etiam cum hac reservatione. quod si continget ipsos mercatores Alamanos cum aliquibus subditis nostris aliqua debita contrahere. non intelligantur posse se excusare a solutione talium debitorum virtute huius presentis concessionis nostre: quamquidem fidantiam durare intendimus et volumus usque ad nostri beneplacitum cum anno uno contramandi; quodquidem contramandum intelligi volumus quod sit in arbitrio nostro revocandi dictum salvumconductum quotiens nobis placuerit, dummodo revocatio intimetur et notificetur eisdem Jos et socijs. qua revocatione intimata statim incipiat currere annis (sic) contramandi predicti. intra quem nulla dictis socijs Alamanis molestia fieri possit. sed eo anno elapso neque salvusconductus nec annis (sic) contramandi quicquam operetur neque ipsis Jos et socijs nec alicui eorum valeat, nec patrocinetur: Mandantes quibuscumque officialibus et subditis nostris ut has nostras salviconductus et fidantie litteras firmiter observent et faciant observari. In quorum etc.
Dat. Viglevani die 22. Martij 1475.

Cichus.

Per Magistros Intratarum.

Archivio di stato di Milano. Registro ducale Nr. 49, Fol. 136 tergo.

XII.

1486, Juli 29. Der Herzog von Mailand versichert die Mitglieder der grossen Gesellschaft von Alemannien seines fortgesetzten Wohlwollens trotz des Konflikts mit Graubünden.

Dux Mediolani etc. Infrascripti teutonici, videlicet Georgius Fucer, Petrus Vacus, Joannes Burlinus et Nofrius Humpis, qui ex societate magna Alamanie esse videntur, dubitare se nobis exposuerunt, ne nostri eos ex liga Grisa esse putantes illis aliquando et mercibus suis, quas per dominium nostrum conduci facere sibi contingit, quicquam inferrent molestie et novitatis, ac propterea supplicarunt, ut durante eiusdem lige grise bello providere velimus, ne eis et mercibus suis ulla novitas et impedimentum fiat, quodque privilegia sua observentur, nec preter eorum seriem, ut aliquando evenire asserunt, quicquam attentetur. Quare illorum putantes peticionem omni honestati et justitie adherere, harum serie mandamus et injungimus universis et singulis commissarijs, potestatibus, capitaneis, gubernatoribus exercitus, peditibus, gentibus armigeris, pheudatarijs, datiarijs, communibus hominibus et subditis nostris, ut prenominatos teutonos et eorum merces quascunque et nuncios per omnes passus, civitates et loca, solventibus ipsis consueta datia et pedagia iuxta eorum privilegiorum dispositionem, ad que nos referimus, quaque libere et expedite ac omni cessante impedimento transire, morari et redire pro arbitratu suo permittant, et omnino patiantur, nec in hoc quantum gratiam nostram caripendunt, ullo modo deficiant. In quorum etc.

Dat. Viquerie die 29 Julij 1486.

Bartholomeus Calchus.

Archivio di stato di Milano. Registro ducale Nr. 31. Fol. 32.

XIII.

1490, Oktober 2. Privilegienbrief des Herzogs Giovanni Galeazzo Sforza von Mailand zu Gunsten von Onuphrius Huntpiss und Genossen.

Dux Mediolani etc. Ut preces quatenus expediat a nobis exaudiantur Honofrij Ompis, Petri de Rat. Georgij Fruterer et consortum omnium mercatorum Alamanie, qui salvos se fieri cum mercibus suis in dominatu nostro postularunt, harum serie eis et unicuique eorum simul et divisim undecunque veniendi cum mercibus et bonis suis ad omnia ditionis nostre loca, ibique staudi, morandi, abeundi et redeundi pro ipsorum arbitrio damus, concedimus et impartimur tutum liberum et amplum salvumconductum atque fiduciam annum unum proximum valituram, ita quod interim nulla eis et rebus suis molestia quevis inferri possit, cum hoc tamen quod in presenti salvoconductu non intelligimus comprehendi debita que ijdem mercatores in dominio nostro contraxissent vel contraherent, quodque illi pro mercibus et bonis, que hine inde devehere sibi contigerit, debita et consueta vectigalia atque gabellas persolvant; mandantes omnibus et singulis officialibus ac subditis nostris presentibus et futuris, ut has salviconductus litteras firmiter observent et faciant ab omnibus inviolabiliter observari.

Sumis 11. Octobris 1490.

Bartholomeus Calchus.

<small>Archivio di stato di Milano. Registro Missive e Ducali. Fogli staccati.</small>

XIV.

1492. Der Magistrat Luzern bittet die Herzogin-Mutter Bianca von Savoyen, die Herausgabe von geraubtem Gut an Onuphrius Huntpiss und Konrad Ankenreute zu erzwingen.

Illustrissima excellentissimaque princeps et domina singulariter gratiosa! Evenit pridem ut navis quedam variis rebus et mercanciis onusta ante portum Niciensem pretervehcretur ad civitatem forte Januensem dirigens. quam ex portu quidam Galienus Nitrense, excellentie vestre subditus, conspicatus, illam insequutus est. eandemque corripiens, in prefatum portum Nitiensem reduxit resque et merces in ea compertas prehendit retinuitque, ut accepimus, in hunc usque diem, fortasse ob quasdam, sicut audivimus, simultates et dissensiones, quas idem Galienus adversus Januenses movet. Cum vero certissimum sit, in eadem navi plurimas res et mercancias honestissimorum civium Ravenspurgi, videlicet Onoferij Huntpis et Conradi Ankenruttij societatisque ipsorum vectas, et a dicto Galieno occupatas et detentas fore, nosque certo sciamus. Illustrissimam dominationem vestram nequaque animatam esse, ut bona optimarum societatum mercatorumque, a quibus inclita Sabaudie domus nequaque lesa est, diripiantur aut prede loco habeantur, Excellentiam vestram summo studio oramus. quatenus pro ipsius singulari equitate providere atque efficaciter disponere dignetur, quod mercatoribus memorate societatis civium Ravenspurgi restitutio celeris rerum et mercantiarum ablatarum per dictum Galienum aut alios detentores obtingat. Non enim dubitamus, quin Illustrissima d. V. pro summa prudentia sua secum reputare possit, quam grave intollerandumque foret, injurias magnarum societatum et mercatorum negligere aut subditis suis permittere, ut piratica seu rapinis illos invadant, quantumque detrimentum hec res Illustrissimo statui Sabaudie vectigalibusque suis terra marique esset allatura. Qua in re excellentia vestra ita versari dignetur, ut prefati mercatores societatesque ipsorum, quibus maxima benivolentia afficimur, has preces nostras equissimas sentiant maximi ponderis fuisse, fructumque votum peperisse: que res nobis gratissima erit, pronissimis obsequiis nostris refundenda.

Datum etc.

Aus dem Formelbuch M 118, Fol. 54 b in der Stadtbibliothek zu Luzern.

XV.

1497, Mai 8. Amtliche Darstellung des von der Huntpissgesellschaft in Mailand gemachten Defraudationsversuchs.

1497, adì 8. Magio in . . . . . .

Honofrio Ompis et compagni merchadanti Alemani hano facto conducre a Milano some 2 de stagno et alla gabella osia datio de Milano, per li agenti per loro in Milano, li hano facto adatiare a dicto datio per roba grossa zoe stagno per conduerli ad Zenova. Et spazati del dito datio per inviarse al camino per Zenova, s' hebe suspecto per li datiari, che li fosse in dicte some argento et forono intertenute et risposto (-e?) nel hostaria de S. Zorzo fora de Milano ad instantia del Maestro de la Cecha de Milano, el qual ne fece noticia al nostro illustrissimo Signore del suspecto che haveva che dicto argento fosse in dicte Some. El prefato Signore nostro comisse a domino Francesco de la . . . . che procurasse de havere el todescho che fa per dicta Compagnia quì in Milano, per da lui intendere, se in dicte some lì fosse argento, et quando dicto todescho non volesse comparere, dicto domino Francesco facesse aprire le some seu balle per trovare se argento c'era.

Dicto domino Francesco cum diligentia fece recerchare dicto todescho, quale non volse comparere, et per non comparere fece domandare Branda de Serono, in caxa del qual alogia dicto todescho et compagni quando veneno a Milano et ha molto comertio cum dicti Allamani infine sui malossi et facende, et anche domandò il fra Rocho Aurifice in Milano et altri molti homini da bene, quali cum anche Messer Johanne Antonio de Castelliono Maestro de Cecha de Milano, andarono tuti a dicta hostaria de S. Zorzo fora de Milano et feceno aprire 4 balini de stagni de dite some, neli quali se lì trovò una patina de argento per balino infassato nel mezo del stagno subtilmente per modo che non pariva altro che stagno, che vi sono in somma pani 4 de questi. Dicto domino

Francesco lo fece portare alla Cecha de Milano et feceli pesare che in somma tuto Marche 487, g. 2, d. 6, insieme cum li soprascripti.

Secondo li ordini et decreti ducali dicto argento trovandosse in froxe, como è questo, è perso; et più li è penna fiorini 5 per achaduna marcha a soldi 32 per fiorino et le bestie, che conduchano dicti argenti et robe, cum esse, et questo sempre fu fin che la Cecha lavora a Milano et de questo tuto il mondo n'è informato, perchè ogni volta se incanta la Cecha si fano le publiche cride de dicti ordini.

<small>Archivio di stato di Milano. Commercio — stati esteri — Germania.</small>

XVI.

1497, Juni 19. Bürgermeister und Rat von Konstanz suchen den Herzog von Mailand Lodovico il Moro wegen der Defraudationsgeschichte milder zu stimmen.

Illustrissime princeps, domine gratiosissime, premissa debita reverentia ac devotione qua erga inclitam dominationem vestram afficimur etc. Novimus jampridem, magnificentissime princeps, quanta humanitate ac pietate inter mortales tempestatis nostre fulgeatis, ut eos etiam, quos nunquam videritis non cessetis in dies insigni beneficentia vestra vobis devincire. Unde fit, ut nos quoque ad vestram autoritatem venire non dubitemus cum summa spe id obtinendi, quod pro nunc a vobis potissimum impetrare cupimus. Si quid certi concives. nostri de Societate dictorum Humpis ex opido Rauenspurg. que comuniter dicitur magna societas mercatorum altiorum Alamanie, nobis proxime significaverunt quomodo prefati de Societate sua aliquid argenti et stanij haud pauci valorum prope Mediolanum insignem civitatem, non obstante salvoconductu, per monetarios Dominationis Vestre ablatum et in erarium vestrum (forte custodie causa) repositum existat, et quamvis id ipsum argentum per servitores dicte Societatis sepius postulatum fuerit et sit, tamen de eo hactenus recuperaverint quicquam, que res in ipsorum damnum et prejuditium (nisi illis sanius consuletur) cessura sit gravissima. Unde apud se constituerunt (haud inconsulte quidem) latorem presentium nostrum concivem, videlicet providum et integrum virum Nicolaum quem volgo Im Steinhuser (?) vocant, insignem mercatorem et ex ipsa societate non minimum, pro venia (si forte casu aliquo erratum foret) coram clementissima Dominatione Vestra impetranda mittere, petentes ut eum Vestre Celsitudini commendaremus. Nos igitur, qui eorum petitionem justam esse et honestam videmus, hominem ipsum, ut is vice totius societatis compos voti reddatur et clementer et pie exaudiatur, Vestre Invictissime Dominationi summopere commendamus, ut cum vestra clementia cum exaudiverit et nostram intelligat commendationem non fuisse volgarem et Vestre Celsitudini pro tanto beneficio quam prius multo plus debere. Ceterum si quid est, in quo per nos eidem celsitudini vestre possit gratificari, id ipsum prompto animo ac hilari obsequio et quam gratissimi offerimus. Valete.

Ex Constantia XIII° kalendas Julij
Anno etc. MCCCCLXXXXVII°.

Vestre Inclitissime Dominationis Deditissimi
Pretor et Senatus
Imperialis civitatis Constantie.

A tergo: Illustrissimo Serenissimoque principi Ludovico Marie Sphortie, Vicecomiti et Duci Mediolani, Papie, Anglerieque Comiti ac Janue et Cremone domino, nostro domino gratiosissimo.

Archivio di stato di Milano. Commercio — stati esteri — Germania.

XVII.

1497, Oktober 31. Der Herzog Lodovico il Moro beantwortet eine Denkschrift der grossen Gesellschaft von Alemannien in der Defraudationssache ablehnend.

Mediolani ultimo Octobris 1497.
Mercatoribus Societatis magne Alamanie.

Vidimus ea, que ad nos longa oratione scripsistis in re argenti superioribus mensibus per Magistrum Ceche nostre vobis retenti, quorum major pars cum soluummodo circa litteras nostras prius ad vos scriptas versetur: conati enim estis nostrorum argumenta refellere, tametsi aliter veritas se habet, quemadmodum his, qui rem intelligunt, merediano sole clarius est, nihil aliud dicendum occurit, nisi nos a predictis litteris nostris non discedere, neque etiam magni operis est, ad eam partem respondere, qua nos ad parendum juri coram Serenissimo domino nostro Romanorum rege. Sacrique Romani Imperij regali consistorio instanter petitis, nam hec causa inter vos ac subditos nostros agitur, qua in re ex ducatus nostri juribus magistratus nostri sunt ordinarij judices, et postquam apud eos jura vestra probaveritis, si ipsi justitie et partibus suis non satisfecisse viderentur, ad nos deinde regressus esse debet, qui pro jure et dignitate ducatus nostri, ubi allegatur per Magistratus nostros justitiam non fieri opportune, semper providere consuevimus, neque etiam honestum foret, ut subditos nostros extra forum suum et dominij nostri fines ad litigandum trahi pateremur, quandoquidem etiam jura imperialia et ducatus nostri, quem a Cesarea Majestate et Sacro Imperio recognoscimus, actorem rei forum sequi iubeant.

Archivio di stato di Milano. Commercio — stati esteri — Germania.

XVIII.

1498, März 24. Vertrag zwischen dem herzoglich mailändischen Abgesandten Francesco Litta und vier Bevollmächtigten der grossen Gesellschaft von Oberdeutschland.

Anno domini MCCCC°LXXXX VIII°. die Sabati XXIIII°. mensis Martij.

Cum de anno proxime preterito per Magistrum Ceche illustrissimi domini ducis Mediolani retenta fuerit merchatoribus Societatis magne Germanie superioris tanta argenti quantitas, que ascendit ad summam librarum duodecim mille sexcentum quinquaginta quatuor, solidorum duorum et denariorum sex imperialium, que faciunt valorem florenorum renensium triummillium octocentum trigintaquatuor cum dimidio, solidorum quinque et denariorum sex: iveritque ad prefatum dominum ducem Magnificus dominus Ludovicus Sceler et eidem petijerit nomine Magnificorum dominorum Confederatorum ipsius Germanie superioris argenti gratiam restitutionis: auditisque per prefatum dominum ducem prefatorum dominorum precibus et cupierit eorum desiderio complacere, per suas litteras datas sub die octava februarij proxime preteriti eisdem promisit nuntium suum mittere, per quem eorum petitioni satisfieret, quamquam totam argenti summam dominatio sua minime habuisset, sed due tertie partes in magistrum Ceche et in inventorem dicti argenti pervenissent. Nunc vero pro executione prefatarum litterarum datarum ut supra, constitutis coram prefatis dominis Confederatis in Luceria congregatis nobili viro domino Francisco Litta, nuntio et canzellario prefati illustrissimi domini ducis Mediolani et eius nomine et mandato parte una, nec non strenuis nobillibus ac circumspectis viris domino Unricho (leg. Ulricho) Monprot millite, Jacobo de Hertensteyn, Dominicho Frouuenfeld et Moritio Hunrus, dictis dominis Confederatis attinentibus merchatoribus ipsius Societatis, suis nominibus proprijs et nomine aliorum merchatorum sociorum suorum, mediante suprascripta gratia restitutionis dicti argenti per prelibatum dominum ducem ipsis dominis confederatis concessa eorumque intercessione et opera, convenerunt et conveniunt, quod prefatus dominus dux restituet ipsis merchatoribus pretium ipsius argenti, quod est dictarum librarum duodecim mille sexcentum quinquaginta quatuor, solidorum duorum et denariorum sex imperialium. et ipsi merchatores teneantur expectare solutionem dictorum denariorum hinc ad primam diem mensis martij proxime futuram, que solutio si fiet in dicto termino, recipiatur per factores ipsorum merchatorum in civitate Mediolani, si vero dicti denarij non solverentur intra dictum tempus, quod prefatus dominus dux absque ulla exceptione teneatur eius proprijs expensis et absque eorum merchatorum ulterioribus dampnis ac interesse eos denarios mittere ipsis merchatoribus in opido Lucerie et in tantis florenis renensibus. Et in omnium ac singulorum premissorum fidem ac evidens testimonium ipse partes presentes conventiones et litteras pro utraque parte earum duplicatas earum proprijs manibus subscripserunt, ac pro mayori illarum corroboratione prefatos magnificos dominos Confederatos sigillari rogarunt. Qui precibus ipsarum partium annuentes magnificis dominis Sculteto et Consulibus oppidi Lucerie eorum omnium et singulorum nomine eorum sigillo secreto presentibus duplatis appresso (appenso?) communiri fecerunt, anno die et mense quibus supra.

(Hier folgt das Siegel, hernach folgende Unterschrift:)

Ego suprascriptus Franciscus Litta nomine prefati
Illustrissimi domini ducis subscripti.

Eine andere Ausfertigung des Vertrags, gleichfalls besiegelt, ist unterzeichnet von folgenden deutschen Bevollmächtigten:

Ulricus Muntprat miles civis Thuregi.
Jacobus de Hertenstein civis Lucerie.
Dominicus Frouwenfeld civis Thuricensis.
Mauritius Hunrus.

Archivio di stato di Milano. Commercio — stati esteri — Germania.

XIX.

1517, März 6. Die Bevollmächtigten der Schweizer Tagsatzung an René, Bastard von Savoyen.

Illustrissimo ac excellentissimo principi ac domino Regnaldo [10]) Bastardo Sabaudie, magno senescallo Francie et gubernatori Proventie, domino nostro gratioso et singulariter observando. et in sua absentia ejus locum tenenti. dominis nostris observandissimis.

Illustrissime ac excellentissime princeps. heros singulariter gratiose. post humilimas nostras recommendationes vestre excellentie notificamus, qualiter in presenti nostra congregatione a dilectis nostris communi societate mercatorum in Ravenspurg, in qua nobilis dominus Jacobus de Hertenstein Lucernensis Scultetus et quam plures ex aliis confederatis nostris inclusi et partem habent, ad aures nostras et ut ipsi conquesti. pervenit, qualiter anni lapsi millesimo quingentesimo decimo quinto prescripti mercatores in Cadalongia. videlicet Tortonse saccos quadraginta duos lane et ad navim Ludovici Francigene nuncupate reposuerint, quibus super mare intercepti fuerunt, ad manusque Illustrissime excellentie vestre, uti gubernatoris Provincie, ubi adhuc existunt. devenerunt. Et quia guerris et differentiis eo tunc pre manibus nos Helvetii omnes mercatores exemptos libere et indempnos ire ac retransire permisimus, bona et mercantie hec non solum extraneis. sed etiam majori parte nostris, qui in illa sunt societate. juste ascribuntur, excellentias vestras, in quo magis quam aliquo principi confidimus, humiliter rogamus. ut predicte societati de restauratione gratiose providere dignetur, ne ob hoc cogamur christianum regem implorare. Offerimus

---

[10]) Man erwartet hier Renato. denn es kann nur der diesen Vornamen tragende sogenannte Gran bastardo di Savoja gemeint sein, welcher von dem französischen König Ludwig XII. zum Gouverneur der Provence ernannt wurde; er starb im Jahr 1525 an den Wunden. die er in der Schlacht von Pavia davongetragen hatte. Siehe Litta. famiglie celebri ital.. duchi di Savoja tav. XII.

enim nos propterea excellentie vestre aliis suis beneficiis minime oblitos, ad omnia beneplacita seruicia semper fore paratissimos. Et sub sigillo eorundem omnium nostrorum nomine. VI^a mensis Martii anno XVII°.
Illustrissime Excellentie vestre
Humiles ac deditissimi Lige
Helvetiorum oratores.

<small>Konzept im Staatsarchiv Luzern. Allgemeiner Abschiedband F. Fol. 215.</small>

XX.

1518, Juni 25. **Bestellung des Luzerners Gerold zum Agenten des Schultheissen Jakob von Hertenstein für das Herzogtum Mailand.**

Nos Scultetus et consules urbis Lucernensis Lige Helvetiorum Alamanie superioris. presentium tenore fatemur ac omnibus et singulis notum fieri volumus, quod presentium datis coram nobis et in generali nostra solita congregatione comparuit nobilis et magnificus Scultetus noster senior videlicet dominus Jacobus de Hertenstein. proponens. qualiter magnifici domini mercatores magne societatis in Ravenspurg, de quorum numero ipse jam dictus proponens extat, sibi libere resignaverint omnia et singula credita in ducatu Mediolani et ibidem circa, que ipse a debitoribus omnibus et singulis exigere, petere ac recuperare debeat et in his agere uti cum rebus et bonis suis propriis. et quia prescriptus proponens ad hec agenda et perficienda personaliter comparere non valet. legitima occasione obstante. in suum verum et indubitatum procuratorem, factorem et exactorem creavit, nominavit et constituit ac presentibus creat et nominat discretum virum Geroldum ‚nostre urbis Lucernensis nuncium juratum, ibidem presentem et omnia suscipientem, ad petendum. exigendum. recipiendum et jmbursandum omnia et singula prescriptorum mercatorum debita et per totum ducatum Mediolani sibi per factores hujusmodi mercatorum monstrata seu monstranda. Et si qui debitores fuerint, qui solutionem denegaverint, eosdem jure compellere et eos qui solverint quietare, omnia et singula agere et procurare in jure et extra, que ipse prescriptus constituens, si personaliter compar[er]et, agere, facere et procurare posset, et que de jure seu consuetudine ducatus Mediolani quovis modo agenda, facienda et procuranda fuerint nil excepto nec dempto, quin quod Ipse constitutus habeat in hijs et habere debeat omnimodam potestatem, facultatem et auctoritatem, omni jure, via et forma melioribus et si ulteriori seu ampliori indigeret potestate et auctoritate, illam et illas presentibus prescripto constituto concedit et concessit, promitens etiam sub obligatione omnium bonorum mobilium et immobilium bonaque fide omnia et singula per prescriptum factorem et procuratorem acta et agenda, quecunque fuerint, rata et grata tenere, nec per se vel alios quovismodo per constitutum factis et actis, in gerendis et fiendis jure vel aliter contravenire, sed se in omnibus et singulis contentum habere. absque omni dolo et fraude, et in horum fidem et evidens testimonium presentes nostro sigillo secreto presentibus appenso communiri et sigillari rogavit, datas vigesima quinta mensis Junii anno domini millesimo quingentesimo decimo octavo.

Konzept im Staatsarchiv Luzern, Formelbuch Nr. 26, Fol. 61.

XXI.

1520, Januar 26. Schultheiss und Rat von Luzern an die französische Statthalterschaft in Mailand.

Illustribus, nobilibus et magnificis viris dominis locum tenentibus et gubernatoribus regiis Mediolani, dominis nostris plurimum honorandis.

Illustres, nobiles et magnifici viri et domini plurimum honorandi! His diebus nobis relatum est per nobilem et magnificum virum dominum Jacobum de Hertenstein, seniorem Scultetum nostrum, certasque alias personas lige nostre, qui participes sunt in societate mercatorum Ravenspurgi, qualiter spectabilis vir dominus Paulus Hinderofen, dicte societatis factor et procurator. a d. vestris detineatur. Et ut intelligimus dumtaxat ea occasione. quod ipse nomine Societatis prescripte a Fuccariis quantitatem cupri emerit, quam et cum promptis peccuniis solvit; ultra hoc dominationes vestre pretendant summam pecuniarum ab ipso procuratore tanquam regi confiscatam exigere. Et quia certissimi sumus hanc summam Fuccariis jam prius solutam esse, miramur, quare factor prescriptus ad aliam solutionem molestetur. Qua de re d. v. rogamus ut hujusmodi procuratorem relaxare et lib[e]rum reddere velint, nec ulterius talem solutionem ab eo extorquere dignentur, quod si fit nobis gratissimum erit. Sed si secus fieret, uti tamen minime confidimus, dominationes vestras presentibus ammonemus, ne via facti hujusmodi pro (sic) procuratorem coartare sed tenore capitulorum nostrorum justiciam ab ipso capere, et quod justum fuerit in hoc se contentare velint, desuper responsum gratiosum a dominationibus vestris per presentem nuntium exspectantes. nosque dominationibus vestris plurimum recommendamus.

Ex urbe Lucernensi vigesima sexta mensis Januarii anno XX°

    dominationum vestrarum

        obsequiosi ac semper deditissimi

          Scultetus et consules urbis Lucernensis.

Konzept im Staatsarchiv Luzern. Akten Mailand: Handelswesen.

B. Regesten zur inneren Geschichte der Gesellschaft.

1434. Armenstiftung von Jos Huntpiss dem ältern, Ital Huntpiss und Liutfrid Muntpratt im Namen ihrer gemeinen Gesellschaft dem Spital in Ravensburg übergeben.
Hafner, Geschichte der Stadt Ravensburg S. 314.

1438. Hans Lyenhart, Bürger zu Raffenspurg, verkauft dem Ytal Humpis 12 rheinische Gulden ablösigen Zins aus allem dem Gelde, das er in der Gesellschaft hie zu Raffenspurg liegen hat, um 300 rheinische Gulden.
Humpissisches Copialbuch S. 143.

1461. Die Huntpiss, Muntprat, Möttelin und andere „ir mitgesellen" stiften eine Kapelle in der Karmeliterkirche zu Ravensburg und eine darin zu haltende Messe. „als sy dann untzher vil Jaur und Zite Gesellschaft und Kouffmannschaft mit einander gehalten habent und ob Gott wil hinfüro lang Zit in löblichem Wesen tun sullent".
Hafner, Geschichte der Stadt Ravensburg S. 371.

1467. Wilhelm Reichenbach von Konstanz hat Geld bei der Gesellschaft zu Ravensburg eingelegt und übergibt diese Summe seinem Sohn.
Missivbuch von Konstanz aus diesem Jahr.

1468. Philipp Natters Witwe in Konstanz, die Schwester des Ulrich von Roggwil, verfügt letztwillig über einen Teil ihrer Einlage bei der Ravensburger Gesellschaft: der-

selbe soll an ihre Erben ausgefolgt werden nach der Ordnung der Gesellschaft.
Gemächtebuch (d. h. Vermächtnisbuch) von 1441—1542 im Konstanzer Stadtarchiv.

1485. Rudolf Muntprat stirbt in Konstanz und hinterlässt seinen Erben eine Einlage von 2300 rheinischen Gulden bei der Ravensburger Gesellschaft.
Muntpratscher Heiratsvertrag im Konstanzer Stadtarchiv.

1486 an Quasimodogeniti. Bürgermeister und Rat von Konstanz melden dem Onuphrius Huntpiss und den andern Mitgliedern seiner Gesellschaft den Tod des Georg Gaisberger, der auch sein Geld in der Gesellschaft stehen hat; sie bitten zugleich die Gesellschaft, wenn dieselbe den Anteil des Verstorbenen hinauszahle, darauf Bedacht zu nehmen, dass sein Bruder und Erbe, Kaspar G., sein Auskommen dabei finde. Kaspar war übrigens selbst auch Teilhaber.
Missivbuch von Konstanz aus diesem Jahr.

1489. Eine Rechtssache zwischen dem Ritter Antonin Gaisberger und den „frommen festen Herren der grossen Gesellschaft zu Ravensburg" wird in Konstanz zum Austrag gebracht.
Missivbuch von da 1489.

1510. Eine Witwe Muntprat in Konstanz verfügt über 100 Gulden, welche sie in der Gesellschaft liegen hat, und über den bisher daraus gezogenen Nutzen.
Konstanzer Gemächtebuch (s. oben zum Jahr 1468).